Portzamparc

Christian de Portzamparc

Editor / directeur de l'ouvrage : Michel Jacques
avec Armelle Lavalou

arc en rêve centre d'architecture / Birkhäuser Verlag Basel • Boston • Berlin

The *Christian de Portzamparc*
book is published by Birkhäuser – Verlag
für Architektur and arc en rêve centre
d'architecture.

L'ouvrage *Christian de Portzamparc*
est édité par Birkhäuser – Verlag für
Architektur et arc en rêve centre
d'architecture.

Director / Direction :
Francine Fort
Editor / Conception :
Michel Jacques avec Armelle Lavalou
Art director / Direction artistique :
Michel Jacques
Graphic design / Design graphique :
Franck Tallon
Editorial follow up / Suivi de rédaction :
Annette Nève
Translation / Traduction :
Simon Pleasance & Fronza Woods
Marie-Christine Loriers

avec la participation
de l'Atelier Christian de Portzamparc :
Christian de Portzamparc
Ginette Baty-Tornikian
Etienne Pierrès
Translation / Traduction :
John Kenneth Hylton

Deutsche Bibliothek Cataloging-in-
Publication Data
Christian de Portzamparc / arc en rêve
centre d'architecture. Ed.: Michel
Jacques. [Transl.: Simon Pleasance…].
- Basel ; Boston ; Berlin : Birkhäuser,
1996
ISBN 3-7643-5593-X (Basel…)
ISBN 0-8176-5593-X (Boston)
NE : Portzamparc, Christian de [Ill.] ;
Jacques, Michel [Hrsg.] ; arc en rêve
centre d'architecture <Bordeaux>

A CIP catalogue record for this book is
available from the Library of Congress,
Washington D.C.

©1996 arc en rêve centre d'architecture
Entrepôt, 7 rue Ferrère,
F-33000 Bordeaux, France
©1996 Birkhäuser – Verlag für Architektur
P.O. Box 133, CH-4010 Basel,
Switzerland

Printing / impression :
Speed Impressions, Eysines
Reproductions / photogravure :
Labogravure, Bordeaux

Printed on acid-free paper produced
from chlorine-free pulp.TCF ∞

Printed in France
ISBN 3-7643-5593-X
ISBN 0-8176-5593-X
9 8 7 6 5 4 3 2 1

Contents
Sommaire

A Breton born in Casablanca in 1944, and (with Jean Nouvel) an ambassador of contemporary French architecture, Christian de Portzamparc has amassed awards and honours including the Pritzker (1994), the French Grand Prix de l'Architecture (1992) and the Equerre d'Argent (1988 and 1995); in 1996 his work was consecrated in a one-man show at the Centre Georges-Pompidou. Graduating some months after the events 1968, his early career coincided with the onset of "Post-Modernism" – a questioning of the progressist and internationalist dogmas of the Modern Movement[1], synonymous with standardized low-rise blocks and prefabricated towers on principles of the *tabula rasa*. Yet his own attitude proved less Manichean than might have been supposed. He was aware that technocratic architecture was an inexorable reality, and that it was therefore necessary to work with it rather than kick against its constraints. The result has been a curious absence of polemics and bluster, an architecture that is at once discreet and genteel. Mannered and raffish, his particular brand of formalism yields urban objects that are so untypical as to appear autistic and self-contemplatory. Yet over the years, Portzamparc has evolved a rigorous conceptual approach; his architecture merges surreptitiously with the cityscape by modifying it, forging subtle bonds of complicity that are never altogether revealed. A process of contamination which is all the more effective in that the symptoms remain invisible and emerge only once incubation and adaptation have run their course.

Process in Progress

It took a while for the virtuoso to hit upon the possibility of a higher order, a broader urban composition capable of transcending the finite quality of objects built in and for themselves. Perhaps he had to run the gamut of competitions and the musical scales of Form. But in all probability, the architect discovered the power of his atonal architectures in associating his general principle of the open block – as first instanced in his 1974 project for La Petite Roquette and pursued in the following year with the Hautes Formes – with musical briefs ranging from the conservatory in the 7th arrondissement to the Dance School of the Paris Opera at Nanterre and above all the City of Music.
What had hitherto been merely one style among others – an exercise,

Nikola Jankovic

Music of the City
Musique de la Cité

9

Breton né à Casablanca en 1944 et aujourd'hui ambassadeur du fleuron de l'architecture française au même titre que Jean Nouvel, Christian de Portzamparc a eu droit ces dernières années à une déferlante de consécrations : Grand Prix d'architecture en 1992, Pritzker Price en 1994, Équerre d'argent en 1988 et en 1995, exposition monographique au Centre Georges-Pompidou à Paris en 1996. Diplômé quelques mois après mai 68 et entrant de fait dans une ère contestataire qui, parce qu'elle remet en cause nombre de plis de mentalité bourgeoise et moderne, sera aussi souvent synonyme de «post-moderne» sans trop savoir ce qu'au juste cela signifie, Christian de Portzamparc traverse le reniement des dogmes[1] progressistes et internationaux qui avaient conditionné toute une architecture de barres standardisées et de tours préfabriquées sur un socle radical de *tabula rasa* ou, cause de l'effet, de dalle. Face à cela, son attitude ne sera pas aussi dialectique et manichéenne qu'on pourrait le croire. S'il rejette la technocratisation du processus architectural, il a néanmoins conscience qu'elle est pour une part incontournable – qu'il faut jouer avec elle et jouer d'elle. Non pas la contourner mais la détourner. En conséquence, pas de complot ou de terrorisme véritablement polémiques, pas non plus de vaines revendications manifestes, mais une praxis prônant une architecture douce et discrète.
Maniéré, stylé, raffiné, son formalisme donne naissance à des objets urbains à tels points isolés qu'au début on les croit un peu autistes ou autocontemplatifs. Pourtant la vérité semble toute autre : au fil des ans, Portzamparc va forger une démarche conceptuelle rigoureuse où l'architecture, subrepticement, se fond dans la ville moderne en la modifiant, tisse des liens subtils de connivence qui ne se donnent jamais entièrement à voir, échappe en faisant événement à la longue et par la trace. Selon une contamination qui est d'autant plus efficace que longtemps invisible, ses symptômes n'apparaissent que quand ses périodes d'incubation et d'adaptation sont achevées.

Process in progress

Il aura fallu un certain temps pour que le virtuose décèle dans l'excellence de son interprétation architecturale la *possibilité* de quelque chose de plus élevé, une sorte de *composition* urbaine plus large, dépassant la propre finitude du bâtiment construit en soi et pour soi. Peut-être aura-t-il fallu traverser tous les concours de conservatoire, toutes les gammes et tous les solfèges de la Forme. Il serait fort à parier, pour résumer, que l'architecte ait découvert la *puissance* de son architecture atonale dans la conjugaison de son précepte de l'îlot ouvert – inauguré en 1974 par son projet pour la Petite Roquette à Paris et prolongé l'année suivante par la construction des Hautes Formes dans le 13e arrondissement – et de la musique, du

however successful, in sensual forms, warm textures and pastel colours
- has since given rise to a method – a process in progress – which is nothing less than homeopathic, akin to experiments in serial music.
But before proceeding any further, let us consider the dazzling alchemy of Portzamparc's style. Today, there is nothing more narcissistic, myopic and sterile than this question of style. Yet mysteriously, Portzamparc in-forms his style (more Mannerist and characteristic than which it would be hard to find), reorienting it so as to achieve process in progress, infusing form with formalism and formality. He has "de-etched" his style, such that it is always something more than a style[2].
Visiting the Beaubourg exhibition (designed by the architect himself), one was struck by the extent to which this capacity to "give" birth to place permeates his work, whether imagined or executed forms. For him, "when embarking on a project, it is no longer possible to draw up block plans in the Beaux-Arts manner. One must proceed from inside to outside, with a to-and-fro movement between the various scales"[3]. And elsewhere: "The methods have changed. 'Town planning' is outmoded. We treat specific operations involving pieces of the city, and

this work necessarily integrates an architectural vision".
This, then, is the "stitch and mend" paradigm that Portzamparc applies within "Age III", which has replaced the old urbanities of Age I and its brief Modern (Age II) hiatus.
On the one hand, Portzamparc's approach makes a clean break with two historically unreproducible eras whose lessons must nonetheless be perpetuated. Portzamparc is "post-modern" in that he claims a relative return to tradition while advocating not only innovation and experiment, but also (in the manner of Lacan) a *tabula rasa* of the tabula rasa. So much for Time and History, which, as he himself reminds us, are the visible constituents of the city – always in process[5].
On the other hand, the question is one of space – as perceived and experienced in our unprecedented contemporaneity. Once again Portzamparc adopts a "musical" stance commensurate with Age III reconciling the most secular and Modern of visions. In this context, I should like to consider a specific though unspectacular instance which has received little media attention: the rue Nationale project.

Conservatoire du 7ᵉ à l'École de danse de l'Opéra à Nanterre, ou encore, et surtout, à la Cité de la musique.
Ce qui n'était jusqu'alors qu'un *style* parmi tant d'autres, un exercice – réussi il faut le souligner – de formes sensuelles, de couleurs et de textures chaudes ou délicatement pastel, a, depuis, *donné lieu* et *naissance* à une démarche – un processus en marche – qui n'est rien moins qu'homéopathique *et* cousine des tentatives sérielles en musique.
Mais avant d'aller plus loin, il faudrait revenir sur cette fulgurance alchimique du style de Portzamparc qui *donne*, qui donne (le) lieu et donne (la) naissance. Rien de plus narcissique et fermé aujourd'hui, de stérile, que le style. Or, ce qu'il y a de vraiment mystérieux pour moi, c'est la *manière* dont Portzamparc a pu, à l'extrême pointe, in-former son style, on ne peut plus maniériste et identifiable entre mille, comment il a pu l'infléchir au point d'en faire un *process in progress*, comment il est parvenu à *donner* à la Forme son formalisme et sa formalité mêmes. À le «dégraver», à faire de son style toujours plus qu'un style[2].
À parcourir l'exposition de Beaubourg (mise en espace par l'architecte), on remarquait ce don de la naissance et du lieu qui traverse son travail de l'imaginaire à la réalisation. Pour lui, «quand on fait un projet, on ne peut plus commencer par dessiner un beau plan-masse à la manière des Beaux-Arts. Le projet doit naître de l'intérieur vers l'extérieur et se dessiner

par un aller-retour entre ses différentes échelles»[3]. Et, par ailleurs, «les méthodes ont changé, l'*urban planning* ou le *town planning* sont dépassés. On travaille par opération, sur des morceaux de ville, et ce travail intègre nécessairement une vision architecturale»[4].
Tel serait donc le paradigme du travail de suture et de raccommodage que Christian de Portzamparc applique dans l'Âge III – c'est-à-dire ce qui, selon lui, est consécutif, *grosso modo*, à l'ancienne urbanité des villes (Âge I) et leur courte période moderne (Âge II).
D'un côté, son inscription historique tranche avec ces deux ères historiquement non reproductibles, mais dont il faut *néanmoins* garder et perpétuer les enseignements. D'une certaine manière, Portzamparc est «post-moderne» en ce sens qu'il énonce une réinscription relative dans une certaine tradition, parce qu'il n'en prône pas moins l'innovation et l'expérimentation, mais aussi parce qu'il promulgue, un peu à la manière d'un Jacques Lacan, une *table rase de la table rase* et l'exécute justement d'autant plus qu'il ne le fait *pas tout à fait*. Voilà pour ce qui est de la question du Temps et de l'Histoire. Lui-même nous rappelle combien ceux-ci sont constitutifs et visibles dans la cité – *toujours déjà à l'action*[5].
De l'autre, il est question de l'Espace tel qu'il est perçu et vécu dans notre contemporanéité sans précédent. Là encore, l'Âge III, Portzamparc et la question du style adoptent une attitude «musicale» où les leçons les plu

Front and back

Here, Portzamparc reveals a clear penchant for the Fragment – and thus for fragments. In a conceptual, disseminating mirror effect typical of Age III, entertaining fragmentary relations with the Ancient and the Modern, Portzamparc allows himself to borrow – not merely to reproduce, which as we know is impossible, but to interpret and transpose old melodies in the manner of the music-lover. Cut-copy-paste – though not to the point of anonymous compilation.

In an ever more rapid and unpredictable context, Portzamparc has assimilated the geometry of fractals, with their dynamic rationale and their invariant scales (or self-similarity). This enables him to topologically fuse disparate urban and architectural scales, their sequences and their transitions. In rue Nationale, the architectonics run a gamut of scales from the transformation of balcony-railings to the creation of a new amenity. And this gives free rein – sometimes to the point of excess – to Portzamparc's own stylistic vocabularies. Pure Age III (whether for instructive purposes or in principle), a wave-form from the City of Music transposes to Metz, and a Fukuoka turret crops up in Saint-Ouen...

Once more, however, his truth (in the manner of Lacan's Not All) verges on lies and deceit. It is, in fact, only too easy to view Portzamparc's fragmentary approach as the distribution – to an ever-wider audience – of solipsistic buildings. The question of image is always one of images.

Yet this ethics of imagery masks a preoccupation with context, in which (visible) Place – a self-referential geographical enclave – takes on its own intrinsic qualities. As Claude Ollier has said – and especially for the architect – lived-in, visited spaces inhabit our bodies, forging their kinæsthetics and their memories. Much more than Time (assumed to be the essential link), it is Place and its reverse that are formed in us and form us in themselves.

So with journeyings and the uses of land. The influences of Rio – a city with its back to the jungle – on The EuroDisney project are no longer with us; but other memories linger.

In rue Nationale, a mere stone's throw from les Hautes Formes, this topical approach consisted more – subtractively – in identifying ills and

séculaires et les plus modernes se rencontrent. Mais pour parler de tout cela de manière plus exemplaire, mieux vaut s'appuyer sur un cas concret. Peu médiatique et spectaculaire – et en cela quasiment inconnu(s) et invisible(s) – je voudrais principalement parler ici du ou des projet(s) de la rue Nationale.

L'Envers de l'Endroit

Il s'agirait ici d'une propension très nette de Portzamparc au Fragment – et par-là même aux fragments. Traversée de *part* en *part* ; de part en part les parts en parts si vous préférez. Effet de miroirs conceptuels et disséminants *typiquement d'Âge III*, entretenant avec l'ancien et le moderne des relations fragmentaires où, comme auteur, Christian de Portzamparc *s'autorise* à emprunter : non à reproduire – on a vu que c'était impossible –, mais, en mélomane, à interpréter et transposer quelques mélodies d'antan. À la couper-copier-coller – mais pas jusqu'à l'inutile compilation sans auteur.

Dans un contexte de plus en plus rapide et imprévisible, Portzamparc a également assimilé les prescriptions fragmentaires de la géométrie fractale (*fractus*, lat. fragment) – il l'avoue volontiers – et en applique la logique dynamique mais aussi l'*invariance d'échelle (self-similarity)*. C'est par exemple ce qui lui permet de fondre plus harmonieusement les échelles urbaine *et* architecturale *topologiquement similaires*, leurs successions, leurs transitions. Rue Nationale, cette démarche architectonique englobe une échelle allant de la réfection des garde-corps de balcon jusqu'à un bâtiment d'équipement. C'est également ce qui lui permet de jouer – parfois jusqu'à l'abus – de *son* vocabulaire stylistique propre. Des bâtiments *de* Portzamparc jusqu'à *l'archétype* de l'aménagement d'Âge III, espérons-le uniquement à des fins visuelles pédagogiques ou principielles : ici une petite vague de la Cité de la musique transposée à Metz, là une tourelle de Fukuoka retrouvée à Saint-Ouen...

Pourtant, une fois encore, sa vérité (comme *pas-toute* lacanienne) frôle le mensonge ou l'imposture : la démarche fragmentaire portzamparcienne pourrait par trop facilement être vue aujourd'hui comme une *diffusion* – c'est-à-dire un éparpillement à vue d'une toujours plus grande audience – de petits bâtiments solipsistes de par le monde... La question de l'*image* est toujours une question d'*images*.

Au-delà de cette éthique de l'imagerie, se cache un véritable travail de tissage et de contexte où le Lieu, enclave géographique de lui-même (sa partie visible) tient lieu de ses qualités propres, de ses spécificités intrinsèques. À l'instar de ce qu'en dit le romancier Claude Ollier (dont il faudra sans cesse relire *Les Liens d'espace* et *Une histoire illisible*), les espaces visités où nous avons vécu, encore plus pour l'architecte que pour aucun autre spectateur, habitent notre corps, sa kinesthésie, sa mémoire. Bien davantage que le Temps sensé les (re)lier, c'est le Lieu et l'envers de cet endroit qui en

relieving their ubiquity, given the various imperatives that precluded in-depth improvements. As in the suburbs, unexceptional rectlinear blocks had forged a shabby non-place, with disparate leftovers and an absence of clear demarcations between building and street. Neither private not entirely public, but caught literally between the two, this is where the inhabitants, rightly or wrongly, were afraid of being mugged in graffitti'd lobbies.

Having diagnosed the symptoms, Portzamparc invested this non-place with two housing blocks and a cultural amenity as veritable bridge-heads on the square – a dual positional strategy (both within and at the edge) designed to reinject life and palliate the dismal low-rise prospects, thus requalifying place on a human scale.

From Island block to Archipelago

The problem now was not so much to "generalize" the results of this experiment (a systematic approach running counter to his own) as to apply it to less shaky and more extensive developments.

Multiply the open block and, co-extensively, progressively contamina-te virgin or unfinished expanses of the city by creating archipelagoes. This has recently become possible in his project for the district surrounding the new French National Library – a project elaborated above all with the pedestrian in mind. Over and above the random or necessary dissemination of buildings, the ventilation of the quartier and the multiplication of vistas, what we have here is a tidal wave of landscaping ideas (evolved in collaboration with François Huaut), combining classic street typologies with the positioning of buildings in the manner of the Fondation Cartier: both aligned and set back from the street and facing the park, public or private according to the dictates of common sense.

Over and above its programmatic flexibility and a conviviality increased tenfold by creature comforts and "family-sized" buildings, the project faces a whole series of administrative and legal problems. Paradoxically, its flexibility might seem ill-adapted to present-day structures and market forces; but it is they that are ill-adapted to a matrix which, like the mother of vinegar, aspires only to grow and spread.

nous se composent, en eux nous composent.

Et ainsi des voyages et de l'occupation des sols. Ce qui venait de Rio de Janeiro – une ville adossée à la jungle – dans le projet pour Eurodisney est parti mais d'autres souvenirs demeurent.

Rue Nationale, à deux pas des Hautes Formes, la démarche topique a davantage consisté à – soustractive – localiser les maux et à en soulager l'omniprésence puisque des impératifs divers interdisaient une amélioration plus en profondeur. Comme dans nombre de banlieues, des «barres» hautes et longues, d'apparence vétuste, avaient détruit l'espace, avaient fabriqué un non-lieu glauque, résidu d'une implantation produisant des chutes sans qualification et sans appartenance claires entre le bâti et la rue. Ni vraiment privatives, ni complètement publiques, littéralement entre les deux, ces zones indécises étaient de celles où chacun des habitants, à tort ou à raison – mais là encore le doute nuit –, redoutait un jour de se faire agresser entre le hall graffité aux boîtes à lettres éventrées et le dehors.

Les symptômes diagnostiqués, Christian de Portzamparc a décidé de disposer dans ce non-lieu deux plots de logements sur la rue et un plot d'équipement culturel en tête-de-pont sur la place, double positionnement (dans la zone et en sa bordure) destiné tout autant à réinsuffler une activité et une animation forcément salutaires, qu'à briser – fragmen-ter – les tristes perspectives sarcelloises, requalifiant déjà en grande part le lieu en le ramenant à une échelle plus humaine.

De l'îlot à l'archipel

Ceci expérimenté, il restait non pas à «généraliser» (démarche systématique à l'opposé de la sienne) mais à étendre cette réussite à des opérations moins bancales et plus grandes.

Multiplier l'îlot ouvert et, coextensivement, contaminer progressivement les lieux vierges ou inaboutis de la ville en y aménageant des archipels. C'est ce qui a récemment été rendu possible à l'ombre de la Grande Bibliothèque. Mais c'est aussi et avant tout au piéton de Paris et à l'habitant que son projet est dédié. Car, outre la dissémination de bâtiments réglée entre hasard et nécessité, l'aération et la multiplication des points de vue, c'est à une véritable déferlante paysagère que nous assistons (avec la complicité de François Huaut) dans ce projet qui marie la typologie viaire étroite de la rue Mazarine à l'implantation des bâtiments un peu à la manière de la Fondation Cartier : à la fois aligné en retrait de la rue et en front de parc, à la fois clairement public, là où il faut, et privé, là où le bon sens l'exige.

Mais, outre sa très grande flexibilité programmatique sur une convivialité sociale décuplée en raison des conforts accrus et des immeubles de taille

A great urbanity has been discovered; we must take care not to lose it. To my mind, the essence here is the presence of hope and the relevance of responses which accept the bright future of a virtualized and ecologized city, whilst remaining aware that "the problem is not so much the choice between chaotic destructions and Neo-Haussmannian regression, as the invention of serenity"[6]. The most surprising thing is that a specific de-sign should come back to me here: it is that of the radical, totalitarian Le Corbusier, from Modulor to the gigantic *tabula rasa* of his *Plan Voisin*, from the *Radiant City* to the *Machine for Living*. And this design is henceforth Portzamparc's. From inside to outside, he instances the idyllic vision of a well-lit apartment, with cane furniture on its veranda, overlooking a predominantly green cityscape...
On his desk, the author has left everything as it was. Perhaps he has gone out for a walk or to see friends. If the camera had managed to get a close-up of the computer manuscript of *Kinds of Space*[7], we might have glimpsed the following e-mail addendum:
http://www. G.Perec. litt.
Treasure Island Block Christian de Portzamparc Archipelago
Paris 13th
France
Europe
Earth
Universe.

"Parages in extremis – Art et Architecture", *Art Présence*, n° 18, April-May-June 1996.

Nikola Jankovic

1. Cf. Jean-Pierre Le Dantec, *Christian de Portzamparc*, Paris, Éditions du Regard, 1995.
2. On this, see two references in *Les Cahiers du Pavillon de l'Arsenal* by Richard Scoffier and François Chochon: "Portzamparc tel que je l'imagine" (Portzamparc as I imagine him) and "Portzamparc tel que je l'ai vécu" (Portzamparc as I have known him)
3. Interview with Gilles Davoine, *Le Moniteur TPB*, 13 May 1994.
4. Interview with Odile Fillion, *Le Moniteur TPB*, 28 February 1992.
5. Lectures delivered at the Pavillon de l'Arsenal, Paris, November 1993 and February 1995.
6. Interview with Odile Fillion, *Le Moniteur TPB*, op. cit.
7. Georges Pérec, *Espèces d'espaces*, Paris, Galilée, 1974.

plus «familiale», c'est à toute une série de problèmes administratifs et juridiques que le projet va se heurter. Paradoxalement, me direz-vous, sa *souplesse* programmatique n'est pas *adaptée* aux structures et aux pratiques économiques en vigueur. En vérité, ce sont elles qui ne le sont pas à cette matrice qui, comme la *mère* de vinaigre, n'aspire qu'à croître et se répandre toujours davantage.
Une grande urbanité a été découverte; il nous incombe de ne pas la perdre. Car ce qu'il y a pour moi d'essentiel ici, c'est l'espoir et la pertinence de la réponse qui accepte dans le même temps l'avenir radieux de la ville conjugué à la virtualisation et à l'«écologisation», et la conscience qu'«entre chaotisme "destroy" et régression néo-haussmannienne, il reste de la sérénité à inventer»[6]. Le plus étonnant est qu'alors un dess(e)in me revient en mémoire pour imaginer l'ambiance heureuse. Il est du radical et totalitaire Le Corbusier qui va du Modulor au nouveau Paris du plan Voisin, qui promulguait une gigantesque Table Rase, en passant par la Cité Radieuse et la Machine à Habiter. Ce dessin est aujourd'hui celui de Portzamparc : il montre, *de l'intérieur vers l'extérieur*, la vision idyllique d'un appartement lumineux, ouvrant sur une terrasse meublée de rotin, ouvrant elle-même sur un paysage urbain à dominante végétale...
... Sur sa table de travail, l'écrivain a tout laissé en plan. Il est sans doute parti se promener ou voir des amis. Si la caméra avait pu davantage se rapprocher du dernier codicille apporté au manuscrit sur Powerbook d'*Espèces d'espace*[7], nous aurions pu lire cet ajout d'e-mail à nous adressé :
http ://www. G. Pérec.litt.
Archipel Christian de Portzamparc Îlot Trésor
Paris 13e
France
Europe
Terre
Univers.

« Parages in extremis – Art et Architecture », *Art Présence* n° 18, avril-mai-juin 1996.

Nikola Jankovic

1. Voir l'ouvrage de Jean-Pierre Le Dantec, *Christian de Portzamparc*, Éditions du Regard, 1995.
2. Je renverrai à ce propos aux deux témoignages, ceux de Richard Scoffier et de François Chochon in *Les Cahiers du Pavillon de l'Arsenal* n° 49, nov. 93, « Portzamparc tel que je l'imagine » et « Portzamparc tel que je l'ai vécu ».
3. *Le Moniteur TPB*, 13 mai 1994, propos recueillis par Gilles Davoine.
4. *Le Moniteur TPB*, 28 février 1992, propos recueillis par Odile Fillion.
5. Voir conférences de novembre 93 et février 95 au Pavillon de l'Arsenal.
6. Entretien avec Odile Fillion, *op. cit.*
7. Georges Pérec, *Espèces d'espaces*, Paris, Galilée, 1974.

In 1967, architecture seemed an outworn discipline, soon to be overtaken by changes in the city, its inhabitants, its techniques. Travel, theoretical elaborations, the events of May '68 and the discipline of writing were my formative influences. In 1971 I felt architecture to be again at the center of important changes – the big bang had occurred, and its effects are still being felt. The traditional city had burst its bonds. An unprecedented event. For me, the city to come is the essential enigma, and concrete architecture is the means of its redefinition, the way to rethink visible space. Technical and economic criteria dictate, justify and produce all things.

At the time, structuralist thought conditioned the representation of exisiting forms as language. Technique was language, the fashionable architectures of the grid were language. But space? Form? Place?

In seeking to refute the omnipresent notion of a semiology of architecture, I found myself on "epistemological" ground.
My idea was that text responds to text, and space to space. The visible implies specific thought processes, in architecture for example, which do not call on language. An architectural project does not have to translate ideas into words or concepts which, in most cases, would be impracticable.

We think in terms of figures, diagrams, sensations, which are schematic rather than conceptual.
In the Western intellectual tradition, knowledge, intelligence and self-awareness have always centered on language ("In the beginning was the Word"). Thought, speech, and laws were thought to be the means by which man could enfranchise himself from matter and his animal nature; intelligence was seen as evolving from figure to abstraction, with an increasing demarcation of bodily senses. This led to the commonplace of mind over matter…

Spatial thinking involves the unconscious, the body, brain, perceptions, desires and reasoning processes. Everyone knows this.
But at the time when I designed the Water Tower and La Roquette, such ideas were rejected out of hand (after the sixties, drawing was anathema!). These projects helped me to rethink the question of unity and reassimilate the space of which my studies had left me vaguely ignorant.

Christian de Portzamparc

Two projects, premisses for a work
Deux projets, prémices d'une œuvre

En 1967, l'architecture m'apparaît comme une discipline archaïque, bientôt dépassée par l'évolution du monde, de la ville, des habitants, des techniques. Le voyage, les théories, mai 68 sont à partir de là ma gestation. Et, en 1971, je vois dans l'architecture une clé, j'ai le sentiment que le siècle aborde un long tournant. Le big-bang fracassant a eu lieu et se poursuit encore. La ville traditionnelle a explosé loin de ses frontières. Événement sans précédent. Cette ville à venir m'apparaît l'énigme essentielle à résoudre; et l'architecture, le moyen de la repenser, de penser le visible et l'espace. Qui peut le faire en effet quand l'ordre technique dicte, justifie, produit toute chose.
À cette époque, la pensée structurale analysait toutes les formes du monde comme des langues. La technique aussi est une langue, et les systèmes, des trames proliférantes à la mode dans ces années aussi. Mais l'espace? La forme? Le lieu?

C'est en cherchant dans ces années à réfuter l'idée omniprésente d'une sémiologie de l'architecture que je me suis trouvé sur un sol «épistémologique» affirmant: un texte répond à un texte, un espace répond à un espace. Il y a une pensée spécifique au travail dans le visible, dans l'architecture, qui ne se sert pas du langage. Pour penser un projet

architectural, nous ne traduisons pas nécessairement les idées en mots, en concepts; nous pensons avec des figures, des sensations, que j'appellerai des schémas plutôt que des concepts.
Or, toute la tradition occidentale a construit le savoir, l'intelligence, la conscience d'être humain sur la langue, «Au commencement était le Verbe». La pensée, la langue, la loi, c'est ce par quoi l'homme s'affranchit de la matière, de l'animal: dès lors, on croit confusément que le seul progrès de l'intelligence est de se distinguer de plus en plus des sens, évoluer vers plus d'abstraction, moins de figure, se désassujettir du corps, des sensations.

Mais l'espace concerne l'inconscient, l'ensemble corps-cerveau, les perceptions, les désirs, la mémoire et le raisonnement. Tout le monde le sait. Et tout l'ordre des choses le rejetait à l'époque où j'ai dessiné ces projets du Château d'eau et de la Roquette. Après les années soixante, à Paris, il était interdit de dessiner. Ces projets furent pour moi un recentrage sur l'unité et un apprentissage de l'espace dont mes études m'avaient laissé vaguement ignorant.

Christian de Portzamparc

In 1969 man walked on the moon. Imperceptibly, something in the century faltered. Perhaps an era was coming to an end, a era that had made technology its epic poem, its meaning, its justification, the very nub of its pleasure and its mockery. [...] The Modern city was everywhere constructed and inhabited; over and above perpetual utilitarian justifications, it now seems a tragic by-product of the universalist, ideological apotheosis of technology. [...]

It is precisely this issue that was raised by the Marne tower, in its pivotal articulations between the two autonomous and mutually transparent determinants, the utilitarian and the symbolic. – *Techniques et Architecture*, n° 313, February 1977.

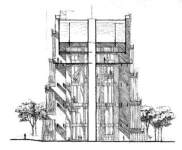

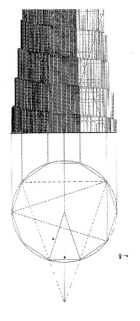

0   10   Section / Coupe

Here, Christian de Portzamparc reintroduces meaning and form to a scattered urban expanse lacerated by motorways. This problematics, brilliantly illustrated in the Baroque city, was no longer considered a "topical" urban approach.
In his work with Antoine Grumbach on the avenues of Marne-la-Vallée, Christian de Portzamparc created a roundabout at a motorway intersection. In the center he positioned a water tower originally planned for further away, giving it the form of a tower of Babel covered by vegetation. "I had a dream at that time. I woke up in a forest, near a polygonal tower illuminated by a wood fire. Each side of the polygon was a loggia inhabited in by someone I knew."
This spiral tower constructed to a decagonal plan is a pure celebration of place, a landmark in the landscape of a new town under construction. The project articulates two independent processes: the upper tank and the helicoidal, plant-covered tower, originally planned as a walkway leading up to the summit. A proposition reaffirming that the symbolic and the utilitarian are at issue in all architectural forms.

Château d'eau Marne-la-Vallée
Water Tower

Ici, Christian de Portzamparc réintroduit la volonté de donner sens et forme depuis un lieu choisi à une étendue urbaine dispersée, morcelée par les tracés d'autoroutes. Cette problématique, illustrée avec génie par la ville baroque, n'était plus d'actualité.
Dans son travail avec Antoine Grumbach sur les espaces publics de quelques avenues de Marne-la-Vallée, Christian de Portzamparc crée un rond-point à la place d'un nœud autoroutier. Il place en son centre un château d'eau prévu plus loin. Il lui donne la forme d'une tour de Babel que la végétation recouvre.
« J'eus un rêve à cette époque ; je me réveillais dans une forêt, auprès d'une tour polygonale qu'éclairait un feu de bois. Chaque face du polygone était une loge habitée par une personne que je connaissais. »
Cette tour spirale construite sur un plan décagonal est une pure célébration du lieu, un repère dans le paysage d'une ville nouvelle en construction.
Le projet articule deux processus indépendants : le réservoir haut et la tour végétale hélicoïdale qui dans le projet original était une promenade publique accédant au sommet.
Cette proposition réaffirme que symbolique et utilitaire sont en débat dans toute forme architecturale.

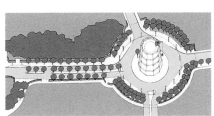

The golden number / Le nombre d'or
Decagonal plan / Un plan décagonal
Roundabout / Le rond-point
Flowerbeds / Les bacs
Transparent grid / Le treillage transparent

En 1969, on avait marché sur la lune. Quelque chose vacillait insensiblement dans le siècle. Une époque s'achevait peut-être, immense, qui avait fait de la technique son épopée, son sens, sa justification, la substance même de son plaisir et de sa dérision. [...] La ville moderne était là, partout, construite, habitée, et alors, au-delà des perpétuelles justifications utilitaires, elle apparaissait comme le produit tragique de l'hypostase universelle et idéologique de la technique. [...] C'est précisément cette question que posait la tour de Marne, dans l'articulation qu'elle faisait à ce moment charnière entre les deux déterminants déliés, indépendants et transparents l'un à l'autre, l'utilitaire et le symbolique. – *Techniques et Architecture*, n° 313, février 1977.

Marne-la-Vallée. Water tower
1971-74
Carrefour des Quatre Pavés.
Noisiel
Seine-et-Marne
Commission
Executed project
Architect: Christian de Portzamparc
Client: EPAMARNE (Michel Macary, architect-town planner. Jean-Paul Baietto, technical director).
Programme: a water tower

Architecturing the space of the city instead of accumulating architectural objects. The term "space" is hackneyed. What reality can it have today, when technico-economic logic compels architecture to be an output of objects, cells, low-and high-rise blocks and pyramids? The city is becoming a succession of architectural units which are separate, autonomous, indifferent to place, isomorphic. Form is always determined by internal requirements and urban space. The outside is a secondary form, a backdrop against which objects stand out, a remnant into which you attempt to "instil life" after the event. A world of merchandizing and the proliferation of signs.

In the La Roquette project, I wanted to effect a reversal, and give pride of place to the presence effect of space, which can no longer be seen as a neutral basis for the passive consumption of signs but as a "symbol", a sensitive form which represents itself without allowing for distinctions between signifier and signified, form and function. – *AMC*, February 1975.

Christian de Portzamparc's response to this competition, which was instantly seen as a manifesto, paved the way for revived relations between the city and architecture.
Along with the Water Tower project, this urban design articulates two fundamental archetypes determining the way we perceive the space: placement and spacing, the centre-object and the void-volume, the place and the clearing.
A Paris "block" is transformed into a primitive volume hollowed out of the city, a "plant monument". The void is recognized as form. Faced with the indistinct, isotropic space of modern town-planning strategies, the architect strove to make the idea of hollow, inverse or negative space perceptible and tangible.
A pure parallelepiped, accentuated by the rhythmic inclusion of the buildings, open at the corners and affording a maximum of light and views, a store of generic, non-specific ideas about the quality of accommodation.
In the Sector IV competition at Marne-la-Vallée (1990) and the Porte d'Asnières development plan (1994) Portzamparc reworked this theme of the void as a structuring element of form, with walls punctuated by transparent features. A topology of voids and solids already present in the Hautes Formes project.

La Roquette Paris

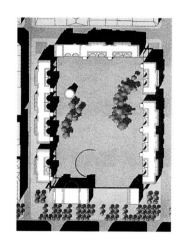

Architecturer l'espace de la ville au lieu d'assembler des objets architecturaux. Le mot espace est galvaudé. Quelle réalité a-t-il aujourd'hui, quand la logique techno-économique contraint toute l'architecture à n'être qu'une production d'objets, cellules, barres, tours, pyramides. La ville devient une succession d'unités architecturales séparées, autonomes, indifférentes au lieu, isomorphes : la forme leur est toujours dictée par un nécessaire interne et l'espace urbain; l'extérieur n'est qu'une forme seconde, le fond sur lequel se détachent les objets, un résidu que l'on tentera après coup d'« animer ». Univers des objets qui est celui du va-et-vient cyclique de la marchandise et de la prolifération des signes.

J'ai voulu, dans le projet pour la Roquette, opérer un renversement, faire dominer l'effet de présence de l'espace. Il n'est plus compris comme support neutre à la consommation passive des signes mais comme « symbole », forme sensible qui se représente elle-même sans permettre de distinction entre signifiant et signifié, entre forme et fonction. – *AMC*, février 1975.

La réponse de Christian de Portzamparc à ce concours, immédiatement perçue comme un manifeste, ouvre la voie à un renouveau du rapport ville-architecture.
Ce projet et celui du Château d'eau s'appuient sur les deux archétypes fondamentaux qui construisent les bases de notre perception de la notion d'espace : l'emplacement et l'espacement, l'objet-centre et le volume-vide, le point et la clairière.
Un « îlot » de Paris est transformé en un volume de nature primitive découpé au cœur de la ville, un « monument végétal ». Le vide est ici reconnu en tant que forme.
Face à l'espace indifférencié, isotrope, de l'urbanisme moderne, l'architecte cherche d'abord à rendre sensible l'idée de l'espace en creux.
Avec ce parallélépipède pur, marqué par l'inscription rythmique des constructions, ouvert aux angles et réponse à une recherche continue des vues et de la lumière pour les habitants, il constitue un fonds d'idées génériques sur la qualité du logement.
Lors des concours pour le Secteur IV de Marne-la-Vallée en1990 et pour le plan d'aménagement de la porte d'Asnières en 1994, il retravaillera ce thème du vide comme élément structurant de la forme, manifesté par ses parois bâties rythmées de transparences. Mais, dès le projet des Haute Formes, cette topologie, cette notion du plein et du vide sont à l'œuvre.

Paris, La Roquette Housing Project
1974
Rue de la Roquette, Paris, 11th district (on the site of the old Petite Roquette prison)
Competition organized by la ville de Paris.
Non-selected project
Architect: Christian de Portzamparc
Programme: 150 housing units, shops

Graphic representations always concern objects and their surfaces. Space is merely inferred, and is always liable to distortions. In this project I wanted to restitute a simple physical truth, without invoking the signs of possible use – a sensual, sensory environment of the body and gesture auditory and visual. This free space is not neutral, nor does it claim to be "polyvalent": it is qualified. What is represented here is in fact minimal qualification, architectural demarcation on the basis of which public space becomes freely available to the city-dweller, as housing to the inhabitant.

To begin with, my ideas on this question evolved by way of piecemeal experiments, the construction of bits of cities. It was important to posit the idea of the city on the large scale as much as in modest designs, and get the two to join forces.

– "La boîte magique de CDP", interview with Chantal Béret, *Art Press* 1994.

Sketches. 1974
Croquis. 1974

Les représentations graphiques travaillent toujours sur des objets, des surfaces. L'espace y est seulement induit, supposé, et sujet à toutes les informations. J'ai cherché ici à le restituer dans sa plus grande vérité physique sans anecdote, sans les signes de l'usage futur mais comme milieu sensoriel sensuel, lieu de corps, du geste, de l'auditif, du visuel. Cet espace libre n'est pas un espace neutre, il n'est pas donné dans une prétendue polyvalence, mais il est qualifié. Ce qui est représenté, c'est cette qualification minimale que propose le projet comme appel à un usage, c'est la limite de l'élaboration architecturale à partir de laquelle l'espace public est disponible au citadin dans la même liberté que l'intérieur du logement l'est à l'habitant.

Au début, ce sont les expériences ponctuelles, des constructions de fragments de villes, qui ont fait avancer mes idées sur la question. Il fallait faire progresser autant l'idée de ville, le travail à grande échelle, que la petite dimension, et amener les deux à se rejoindre. – « La boîte magique de CDP », entretien avec Chantal Béret, *Art Press* 1994.

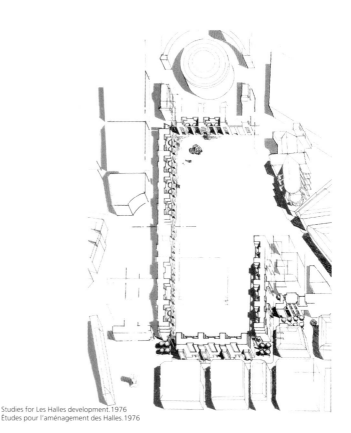

Studies for Les Halles development.1976
Études pour l'aménagement des Halles.1976

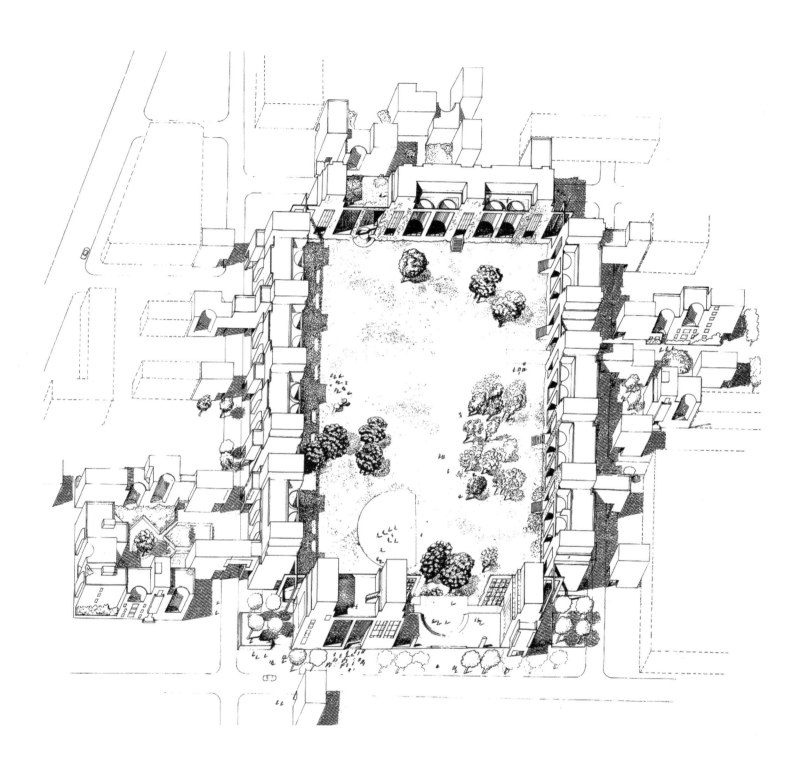

PAN 7. 1975. Theorical project in a different context. Global axonometric
PAN 7. 1975. Projet théorique dans un autre contexte. Axonométrie générale

0   10

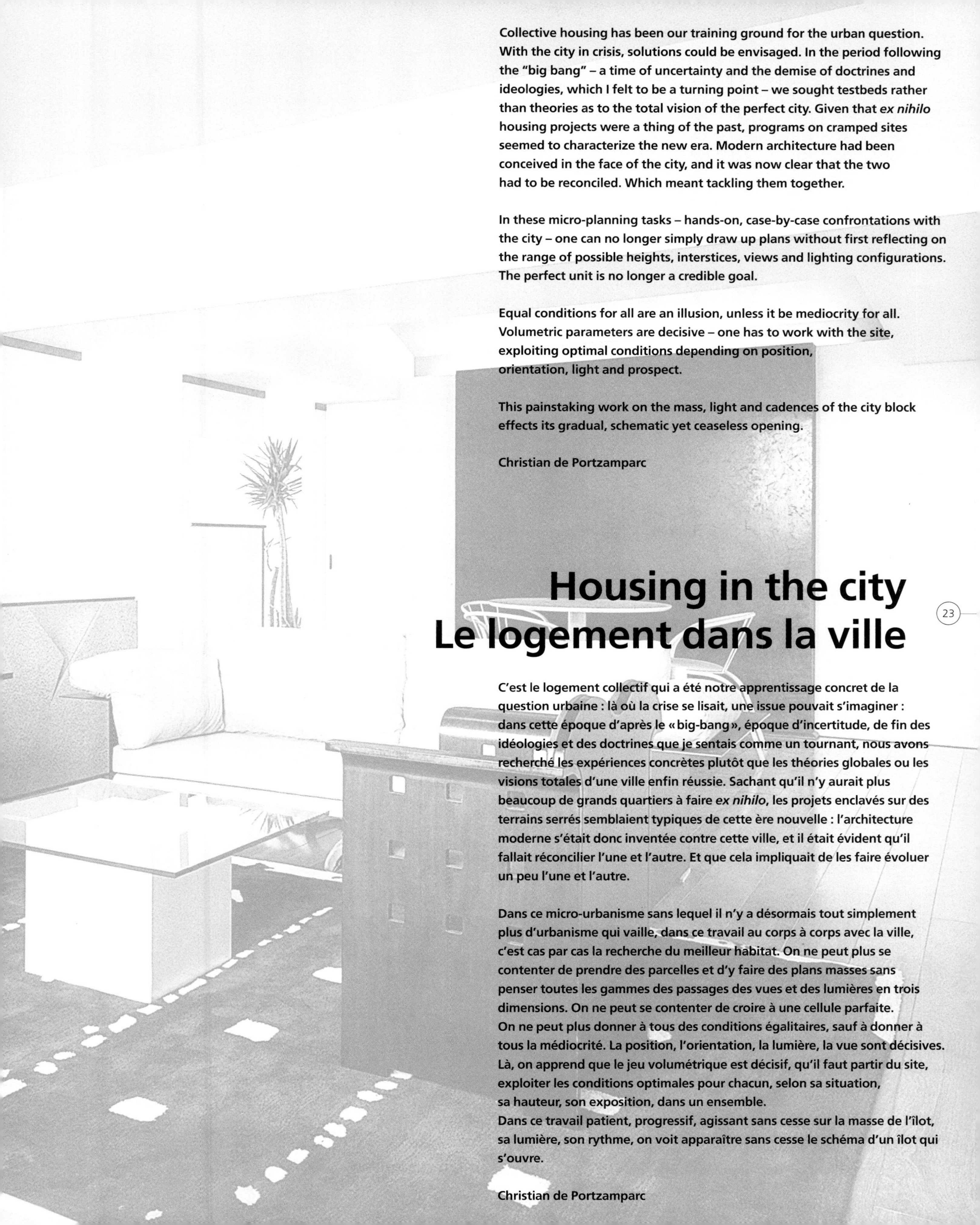

Collective housing has been our training ground for the urban question. With the city in crisis, solutions could be envisaged. In the period following the "big bang" – a time of uncertainty and the demise of doctrines and ideologies, which I felt to be a turning point – we sought testbeds rather than theories as to the total vision of the perfect city. Given that *ex nihilo* housing projects were a thing of the past, programs on cramped sites seemed to characterize the new era. Modern architecture had been conceived in the face of the city, and it was now clear that the two had to be reconciled. Which meant tackling them together.

In these micro-planning tasks – hands-on, case-by-case confrontations with the city – one can no longer simply draw up plans without first reflecting on the range of possible heights, interstices, views and lighting configurations. The perfect unit is no longer a credible goal.

Equal conditions for all are an illusion, unless it be mediocrity for all. Volumetric parameters are decisive – one has to work with the site, exploiting optimal conditions depending on position, orientation, light and prospect.

This painstaking work on the mass, light and cadences of the city block effects its gradual, schematic yet ceaseless opening.

Christian de Portzamparc

Housing in the city
Le logement dans la ville

C'est le logement collectif qui a été notre apprentissage concret de la question urbaine : là où la crise se lisait, une issue pouvait s'imaginer : dans cette époque d'après le « big-bang », époque d'incertitude, de fin des idéologies et des doctrines que je sentais comme un tournant, nous avons recherché les expériences concrètes plutôt que les théories globales ou les visions totales d'une ville enfin réussie. Sachant qu'il n'y aurait plus beaucoup de grands quartiers à faire *ex nihilo*, les projets enclavés sur des terrains serrés semblaient typiques de cette ère nouvelle : l'architecture moderne s'était donc inventée contre cette ville, et il était évident qu'il fallait réconcilier l'une et l'autre. Et que cela impliquait de les faire évoluer un peu l'une et l'autre.

Dans ce micro-urbanisme sans lequel il n'y a désormais tout simplement plus d'urbanisme qui vaille, dans ce travail au corps à corps avec la ville, c'est cas par cas la recherche du meilleur habitat. On ne peut plus se contenter de prendre des parcelles et d'y faire des plans masses sans penser toutes les gammes des passages des vues et des lumières en trois dimensions. On ne peut se contenter de croire à une cellule parfaite. On ne peut plus donner à tous des conditions égalitaires, sauf à donner à tous la médiocrité. La position, l'orientation, la lumière, la vue sont décisives. Là, on apprend que le jeu volumétrique est décisif, qu'il faut partir du site, exploiter les conditions optimales pour chacun, selon sa situation, sa hauteur, son exposition, dans un ensemble. Dans ce travail patient, progressif, agissant sans cesse sur la masse de l'îlot, sa lumière, son rythme, on voit apparaître sans cesse le schéma d'un îlot qui s'ouvre.

Christian de Portzamparc

The problem is to construct urban space, beginning with hollowed-out, negative space, the coherent void in which public life is to be found. Inverting a rationale that sees buildings as metaphorical objects determined by inner necessity alone, technical objects, moveable feasts, indifferent to place. The façade is not the conspicuous display of function, a reading of signs or a source of aesthetic pleasure, but first and foremost the wall of a public place, a vast open-air interior, a continuous wall with two sorts of opening: the windows of the housing units themselves; and views of the other spaces of the city. The orientation, number, proportion and dimension of these openings, their mutual relations, and the marked clarity of spatial geometries generated between ground and sky, by these walls, are what for us makes mass housing in the city imaginable.

We do not look at the architecture of the city; it looks at us. Through it, space becomes tolerable or not, though we do quite know why. This is because space is not an indifferent void. It is permeated by everything that is there, lines, light, openings, cadences, beams in motion. [...]

We complement internal necessity with the inexorable order of external necessity, the breath which hollows out the object

"Les Hautes Formes puts contemporary architecture in touch with the present-day city".

The Rue des Hautes Formes was a pioneering project that lent tangible expression to the renewal of urban architecture.

All the basic principles of Christian de Portzamparc's constructive urban thinking are present here, proving that it is possible to confer architectural qualities on an urban housing project, by conceiving the public space as an area to be lived in and not as some indifferent empty space. The housing is no longer serial, for each apartment has its own particular features corresponding to distributions within the building.

This programme tackles an extremely cramped site hemmed in between vernacular gable-ends and a university with three towers, which marks the place with its powerful presence. The thread of a conversation interrupted by Age II is here taken up again, given that the specific nature of the site in-forms the whole project generating the qualities of an open block and a novel type of urban fabric. Through its quest for a "coherent void", the project articulates public private space, introducing hierarchized registers and adapted scales that deform and transform the physical data and the dimensions into a presence. Here, the square and the alley form a pedestrian walkway, while the façades open to afford

views of the surrounding city. The void between buildings is primary form, a matrix ordering relations between the buildings and defining the city.

A second, superimposed form posits the buildings as a series of autonomous objects, in the tradition of Modernist architectural culture, but which are nonetheless clearly related.

Les Hautes Formes Paris
Housing / Logements

«Les Hautes Formes se donnent les moyens de mettre en relation l'architecture contemporaine et la ville réelle.»

La rue des Hautes Formes est un projet fondateur qui concrétise le renouveau de l'architecture urbaine. Tous les éléments de la pensée constructive urbaine de Christian de Portzamparc sont en place et prouvent qu'il est possible de donner une qualité architecturale au logement en grand nombre dans la ville, de penser l'espace public comme un espace à habiter et non comme un vide indifférent. Le logement n'est plus sériel car chaque appartement a des qualités propres qui répondent à leur distribution dans le bâtiment. Ce programme travaille l'exiguïté extrême d'un îlot enclavé dans un tissu urbain vernaculaire, composé de pignons d'habitations et des trois tours de la faculté de droit marquant le lieu de leur présence.

Le fil d'une conversation interrompue par l'Âge II est repris. La spécificité du site donne la base de ce projet. Il en émerge déjà les qualités d'un îlot ouvert et un tissu urbain différent. Par sa recherche d'une « cohérence du vide », le projet met en relation l'espace public et privé. Il introduit des registres hiérarchisés et des échelles adaptées qui déforment et transforment les données physiques et les dimensions en présence ; ici, place et venelle s'ouvrent pour la circulation du piéton, de la rue vers le passage

intérieur, tandis que les façades offrent la ville aux habitants.

Le vide entre les constructions est une forme première, la matrice qui ordonne la relation entre les bâtiments fonde la ville. Une forme seconde s'y superpose; elle est constituée des bâtiments-objets autonomes et distincts tels que la culture architecturale moderne les a élaborés. Et pourtant, ici, ils sont liés.

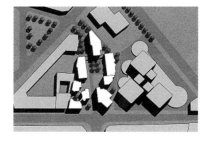

Paris, Les Hautes Formes
1975
Rue des Hautes Formes, Paris, 13th district
Competition organized by the City of Paris Housing Office (RIVP) in the wake of the French New Architecture Programme (PAN)
Prizewinning, executed project
Architect: Christian de Portzamparc
Associate architect for construction: Georgia Benamo
Engineers: Ove Arup
Programme: 209 social housing units
Surface area: 11,460 sq. m.

Construire l'espace urbain, partir de cet espace en creux, de la cohérence de ce vide où s'installe la vie publique pour penser le bâti. Renverser la logique des constructions-objets, régies par la métaphore de la machine, par leurs seules nécessités internes et dans cette fascination pour les objets techniques indifférents au lieu, au sol, déplaçables.

Cela veut dire que la façade n'est pas exhibition de fonction, lecture de signe ou délectation esthétique, mais d'abord paroi d'un espace public, sorte de vaste intérieur à ciel ouvert, paroi continue percée de deux sortes d'ouvertures : celle des logements, les fenêtres; celles sur la ville, les autres espaces de la ville. L'orientation, le nombre, la proportion, la dimension de ces ouvertures, les relations entre elles, la clarté évidente des géométries spatiales engendrées, entre sol et ciel, par ces parois, voilà qui pour nous rend imaginable le logement en grand nombre dans la ville.

and space "takes shape". But I do not mean the pure, unambiguous celebration of space. There is a richer meaning: object and space entertain an almost reversible equilibrium.

On its own, the object is idiotic. And solitary, homogeneous space – the Cour Carrée in the Louvre – can drive you mad. But if built forms, through various modalities and modulation, can be made to belong both to the register of the object and to that of space, we can achieve the wonderful and simple plurality of urban space. This is a possible key to that mental respiration which enables us to enjoy the city through continuous (though ambivalent and reversible) relations with an outside that is also an inside, where we either look at and appropriate buildings, or allow ourselves to be guided and protected by them. – *L'Architecture d'Aujourd'hui*, n° 202, 1979.

Tripod block. 3rd floor / Immeuble tripode. 3e étage

Tripod block. 4th floor / Immeuble tripode. 4e étage
0   10

On ne regarde pas l'architecture de la ville, mais elle nous regarde. Par elle, l'espace est supportable ou non sans que l'on sache pourquoi. C'est que l'espace n'est pas un vide indifférent, il est irradié par tout ce qui est là, il n'est que lignes, lumières, percées, scansions, faisceaux de nos rayons visuels en mouvement. […]

Aux nécessités internes, nous combinons l'ordre impérieux des nécessités externes, cette respiration par laquelle l'objet s'évide et l'espace «prend corps». Pourtant, il ne s'agit pas d'une célébration pure, univoque de l'espace. Il y a là quelque chose de plus riche de sens : objet et espace entretiennent une sorte d'équilibre presque réversible.

L'objet seul est idiot. L'espace seul, homogène, la Cour carrée du Louvre, peut rendre idiot, fou. Mais si le bâti, selon toutes sortes possibles de modalités, de modulations, appartient à la fois au registre de l'objet et à celui de l'espace, on approche la pluralité merveilleuse et simple qui fait l'espace urbain. C'est une clé peut-être de la respiration mentale qui nous fait jouir de la ville. Elle nous situe en permanence, de façon ambivalente et réversible, dans un dehors qui est un dedans, dans un rapport où nous pouvons, au même moment, regarder, prendre possession d'un bâtiment, ou bien nous laisser conduire, être protégés.

– *L'Architecture d'Aujourd'hui*, n° 202, 1979.

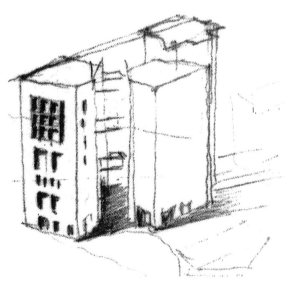

Tripod block. Sketch. 1975 / Immeuble tripode. Croquis. 1975

Place forces you to look for solutions involving imagination as much as cold calculation. [...] The responses that you might come up with today are not the same as twenty or a hundred years ago. We have very different perceptions of such concepts as unity and symmetry. And this is the challenge of any project – the opportunity to make small changes in the way space is perceived. Twenty years ago, everything was supposed to look new. But in my work, I reintroduce basic elements of perception, resuscitating spatial urban forms that are clearly relevant today. For me, the new does not reside in some absolute "never seen before". [...] Quality architectures take in history, an "already there". Working with extant fact is not simply a question of borrowed formulae, but takes into account the living elements against which we measure our bodies. – "L'espace de la création" interview with Marie-Edith Milleret, *Eighty*, n°5, Nov-Dec 1984.

On a lot on Rue du Château-des-Rentiers, which Age II town-planners would have deemed unbuildable, this project "inserts" an old people's home between a tall tower and an arched building, apparently ill-suited to any kind of match.

Portzamparc reconciles disparate contiguous geometries and volumes, introducing a dynamic continuity through a careful architectural treatment that generates an attractive presence whilst conferring a degree of formal precision onto the adjoining buildings, which seem to have encircled the building "after the event".

This small building brings back life to the street and makes it readable once more, galvanizing faceless buildings and endowing them with Parisian scale.

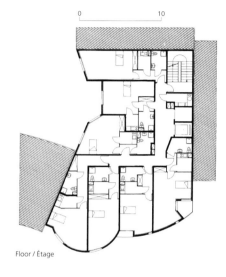

0   10

Floor / Étage

Rue du Château-des-Rentiers Paris
Old people's home / Foyer de personnes âgées

Le lieu oblige à réfléchir, à trouver une solution dans laquelle il entre autant d'imaginaire que de calcul. [...] Les réponses que l'on peut apporter aujourd'hui ne sont pas les mêmes qu'il y a vingt ans, ou un siècle. On perçoit très différemment des concepts tels que l'unité, la symétrie. Et c'est cela qui est passionnant dans tout projet, faire changer un peu chaque fois la façon de percevoir l'espace. Il y a vingt ans, tout devait être d'un caractère nouveau. Au contraire, dans mon travail, je réintroduis des éléments fondamentaux de la perception ou je reprends en compte des formes spatiales, urbaines, qui ont une actualité évidente aujourd'hui. Pour moi, le nouveau n'est pas dans le « jamais vu » absolu. [...] Les architectures de qualité sont celles qui ont travaillé avec une histoire, avec un « déjà-là ». Travailler avec ce « déjà-là » n'est pas reprendre des formules, mais prendre en compte les éléments avec lesquels on vit, avec lesquels notre corps va se mesurer. – « L'espace de la création », entretien avec Marie-Edith Milleret, *Eighty* n°5, nov-déc 1984.

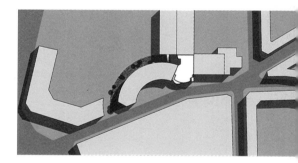

Dans une parcelle de la rue du Château-des-Rentiers, dans un lieu que l'urbanisme de l'Âge II avait d'abord considéré non constructible, entre une grande tour et un bâtiment en arc de cercle que rien ne prédisposait à associer, il fallait insérer un programme d'habitations pour personnes âgées.

Christian de Portzamparc réussit à intégrer et à rassembler les géométries disparates et les volumétries adjacentes en apportant une continuité nouvelle et dynamique. Son travail architectural précis donne une belle présence au Foyer et confère par surcroît une sorte de justesse formelle aux bâtiments mitoyens qui semblent être apparus après coup pour l'enserrer.

Cette rue a pris vie, est redevenue lisible, dès l'introduction de ce petit édifice dont l'architecture a renforcé l'assise de constructions atones et lui a donné son échelle parisienne.

Paris, Old People's Home
1982-1984
120, rue du Château-des-Rentiers, Paris, 13th district.
Commission.
Executed project.
Architect: Christian de Portzamparc
Assistant architects: Odile Van den Broek, Marie-Elisabeth Nicoleau
Project manager: Marie-Elisabeth Nicoleau
Client: RIVP, HSF
Programme: 42 housing units, reception rooms, common rooms.
Surface area: 2,300 sq. m.

To begin with, I tackled the height and width of a window. This was important for interiors, but also for the exteriors. The co-existence of interior and exterior necessities. [...] I made walls and punctured them with holes. With the strong conviction that the inhabited space would be be in-formed, literally given form, by these openings. [...] Number and proportion are closely related. The proportion of a figure, its repetition and its number become blurred; the shift from the countable to the uncountable involves proportion. [...]

This is how I would define my work on collective housing: by its negative. The idea is not to produce something beautiful, but it shouldn't be distressing either. Philibert Delorme said: "The role of architecture is to calm melancholy". That's it, calming melancholy, palliating anxieties. And at a given moment I have to tackle questions of number, proportion and light. – "Penser l'espace", interview with François and Olivier Chaslin, *Christian de Portzamparc*, Paris, Éditions Ifa/Electa Moniteur, 1984.

This housing project for the park district was designed following a competition concerning a site adjacent to the Dance School of the Paris Opera, at the time was under construction.

In the early seventies, this part of Nanterre was an immense shanty town. A district was built on the principles of a grid running parallel to the axis of La Défense, with offices, housing, schools, the Dance School and a beautiful park. This project opens the city by extending the park, thus generating a transitional mineral, plant-rich public place.

The housing units face southwest, in many cases with direct views of the park. They are particularly elongated, well-lit and lined with balconies. The public garden also modifies the situation of the Dance School, which is henceforth freed of its *vis-à-vis* with an adjacent building originally envisaged.

The artist Dani Karavan designed the whole central public space between the railway and the Park.

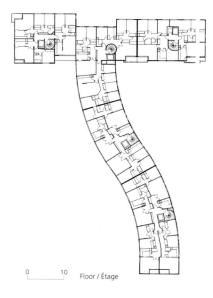

0   10   Floor / Étage

Nanterre
Housing / Logements

Au départ, j'ai travaillé la hauteur et la largeur d'une fenêtre. Je me suis concentré là-dessus : c'était important sur le plan de la vie intérieure mais aussi de la vie extérieure de l'espace. C'est la coexistence des nécessités internes et des nécessités externes. [...] J'ai fait des murs et des trous dedans. Avec le sentiment aigu que l'espace que nous allons vivre va être informé, littéralement mis en forme par ces ouvertures. [...] Le nombre et la proportion sont intimement liés, c'est un même travail : la proportion d'une figure, et puis sa répétition, et puis son nombre devient brouillé, le passage du dénombrable à l'innombrable, tout ça, c'est pour moi le registre des proportions. Nombre et proportions sont tout à fait liés. [...]

C'est comme cela que je définirais mon travail sur le logement collectif. Je le définirais par son négatif. Je ne cherche pas à faire beau, mais à ce que ça ne soit pas angoissant. Philibert Delorme disait : « l'architecture est faite pour calmer la mélancolie ». Voilà, calmer la mélancolie, limiter l'angoisse... Je rencontre alors, à un moment donné, des questions de nombre, de proportions et de lumière. – «Penser l'espace», entretien avec François et Olivier Chaslin, *Christian de Portzamparc*, Éditions Ifa/Electa Moniteur, Paris, 1984.

Le projet de logements du quartier du parc a été conçu après un concours portant sur le site bordant l'École de danse de l'Opéra de Paris alors encore en projet.

Au début des années soixante-dix, cette partie de Nanterre était un vaste bidonville vierge de constructions en dur. Un quartier réalisé suivant une trame parallèle à l'axe d'aménagement de la Défense sur lequel furent implantés des bureaux, des logements et des écoles, notamment l'École de danse et un très beau parc. Dans sa proposition, l'architecte ouvre le plan de la ville à cet endroit et fait pénétrer le parc dans le quartier, l'approchant du RER. Les logements bordent ainsi le jardin, voient le parc pour un bon nombre et prennent le soleil du sud-ouest; ils sont très allongés, éclairés et bordés de balcons. Ce plan du jardin public a changé aussi la situation de l'École de danse, dégagée, à partir de là, d'un immeuble en vis-à-vis qui était prévu initialement à son côté.

C'est l'artiste Dani Karavan qui a réalisé l'ensemble de l'espace public central qui va du RER au parc.

Nanterre, Housing
1986-1995
Rue Salvador Allende, Allée de la Danse.
Nanterre, Hauts-de-Seine
Competition
Prizewinning, executed project
Architect: Christian de Portzamparc
Assistant architects: Olivier Blaise, François Léonhardt, Richard Scoffier
Project manager: Paul Guilleminot
Developer: EPAD
Client: SMI, OPHLM, EPAD, SNI, SCIC AMO
Engineers: BERIM
Surface area: 32,000 sq. m.

The ideal of homogeneity (which has left its mark on the whole history of town-planning, whether Ancient or Modern) has exploded. We can still seek models and use continuities to the full. But in most cases, it is the variety of architectural expression that counts. We must exploit homogeneity at times, and diversity at others.

These juxtapositions can be living, vital and beautiful in themselves. And this dream constitutes a new approach to the world our children are being born into. I call it still-life: on the table you have a pear, a pitcher, a spoon, a fish and, occasionally, something else. Quite by chance, we find parts of the contemporary city moving. We can reflect on this chance and try to influence its trajectory. – *"La nature morte comme modèle"*, *Projet urbain* n° 3, March 1995.

This project is part of a plan for a district located along two boulevards, for which Arata Isozaki brought together several architects of different nationalities. Because all the housing units had to be fully south-facing, there was no question of aligning them with the thoroughfare. Portzamparc's initial project was turned down, and he had to divide it up in order to orient each building towards the sun.

Next, the architect tackled the question of urban discontinuity, the diversity induced by the clash of distinctive architectures that is so typical of the modern city. This led him to experiment with a poetics of contrasts within the very heart of the project.

Responding to the low-rise housing units opposite, two white and symmetrical buildings follow the alignment of the boulevard, and frame a courtyard containing a river and a garden, with a dark, craglike building and a hieratic modern tempietto on piles… "a mixture of order and wilderness".

Arranged on successive planes, the project inverts the metaphorical interplay between geometry and geology in the Eurodisney hotel project.

Fukuoka Japan
Housing / Logements

L'idéal d'homogénéité qui a marqué toute l'histoire de l'urbanisme ancien et moderne a éclaté. Cela n'interdit pas de rechercher des modèles, de valoriser des continuités. Mais, le plus souvent, des expressions architecturales différentes vont compter. Il faut jouer tantôt avec l'homogénéité, tantôt avec la diversité.

Ces juxtapositions peuvent avoir une vie, une vitalité, une beauté en soi. Nous devons le rêver. C'est une nouvelle politique. Le monde sur lequel les enfants ouvrent les yeux aujourd'hui. J'appelle cela nature morte : vous avez sur le guéridon une poire, un broc, une cuillère, un poisson, et il en reste parfois quelque chose. De fait, il y a, par hasard, des bouts de ville contemporaine qui nous émeuvent. Or, ce hasard, on peut le réfléchir, le faire basculer. – « La nature morte comme modèle », *Projet urbain* n° 3, mars 1995.

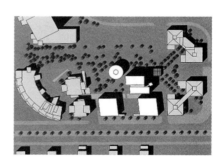

Ce projet s'inscrit dans le cadre d'un plan de quartier au sein duquel Arata Isozaki a rassemblé plusieurs architectes de différents pays, le long de deux boulevards. La règle locale, obligeant à orienter tous les logements plein sud, interdit ici l'alignement sur la voie ; Christian de Portzamparc s'est donc vu refuser son premier projet et a dû le fractionner pour orienter chaque immeuble vers le soleil.

L'architecte s'est posé ensuite la question de la discontinuité urbaine, de la diversité induite par cette confrontation d'architectures très marquées, typiques du « cadavre exquis » omniprésent de la ville moderne. C'est ce qui l'a conduit à expérimenter une poétique des contrastes au sein même de son projet, comme si celui-ci était aussi un « cadavre exquis ».

Tournés vers le soleil et répondant aux barres de logements existants en face, deux immeubles blancs et symétriques tiennent l'alignement du boulevard, et encadrent une cour qui ouvre sur une scène, une rivière et un jardin où se tiennent un bâtiment sombre, tourmenté comme un roc, et un tempietto hiératique et moderne sur pilotis… « un mélange d'ordre et de sauvagerie ».

Disposé en plans successifs, ce projet prolonge en l'inversant le jeu métaphorique entre géométrie et géologie de l'hôtel d'EuroDisney.

Fukuoka, Housing
1989-1991
International Housing Exhibition, Nexus II. Fukuoka, Japan.
Commission
Executed project
Architect: Christian de Portzamparc
Assistant architect: Florent Léonhardt
Project manager: Paul Guilleminot
Client: Fukuoka Jisho Co, Ltd
Programme: 4 buildings, 37 housing units
Surface area: 4,000 sq. m.

Four buildings laid out scenographically. The first two frame the passage from the street to the garden, creating a stage. Behind, on the stage, the "tempietto" and the "mountain building"
Quatre bâtiments installés dans une scénographie : les deux premiers inscrivant le passage de la rue au jardin forment la scène. À l'intérieur, sur la scène, le « tempietto » et la « montagne »

Sofa Elizabeth de Portzamparc. Carpet and armchair Christian de Portzamparc
Canapé Elizabeth de Portzamparc. Tapis et fauteuil Christian de Portzamparc

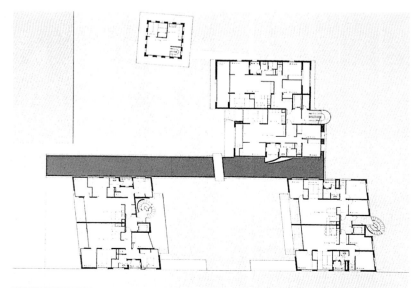

Floor / Étage

Beautiful architecture packs a certain energy. The in-between, that which comes between two buildings, is just as important for the occupant as interiors. The mental landscape we live and breathe in depends entirely on factors such as light, orientation and relations with the immediate surroundings. We also live outside – a crucial factor for the community at large, even if networks play a key role in today's communications. The fashionable denial of space as a possibly field of architectural enquiry is tantamount to ideological marketing. Space now corresponds to new realities, true enough. But to consider it outmoded is obviously dangerous bluff. A denial of the body. – *Architecture Intérieure Créé*, n° 256, November 1993.

Today, two building cultures intersect and coexist: the old craft culture and the Modern culture of mass-production. Modernity posited industrial modes in the manner of automobile construction. It was a culture of the autonomous, free-ranging object, determined by internal necessities (function, building techniques, use…). In a sense, all Modern objects are potential instances of an industrial series. Archigram pinpoin-

A "basic charter" drawn up by Jean-Pierre Buffi constituted an alignment of regular blocks running the length of the new Park at Bercy, with stable linear balcony heights, blocks with inner courtyards partly open to the park and closed off from the street. The buildings are sculptural objects, thus affording optimal views of the park for those living in the interior blocks. A protected chestnut tree made it necessary to modify the original urban plan; Christian de Portzamparc opened a breach on the north side, thus dividing the building in two.
The end result is an open block. A glazed, double-height configuration lets in plenty of natural light, and the living-areas are carefully organized to give each resident distant views and perfect lighting, despite the density and proximity of the buildings facing. An interesting experiment with density that highlights the virtues of breaches and openings, as first instanced in the pioneering Hautes Formes project.

Une belle architecture a le pouvoir de concentrer une certaine énergie. L'entre-deux, ce qui s'inscrit entre deux bâtiments, est aussi important pour l'habitant que son intérieur même. Selon la lumière, l'orientation, le vis-à-vis, l'environnement immédiat, le paysage mental avec lequel on respire et l'on pense sera modifié. Nous habitons aussi le dehors. Et puis, c'est capital pour la collectivité, même si les réseaux immatériels ont pris un plan important dans la communication. Le déni très à la mode de l'espace comme champ d'investigation de l'architecture est une sorte de marketing idéologique. Le concept d'espace se couvre aujourd'hui de nouvelles réalités, certes. Mais le rendre dépassé est évidemment un bluff dangereux. C'est la négation du corps. – *Architecture Intérieure Créé*, n° 256, novembre 1993.

Il y a deux cultures de la construction qui se croisent et coexistent aujourd'hui : la culture artisanale archaïque et la culture sérielle moderne. La culture sérielle cherche à assimiler le mode de production du bâtiment à celui de l'objet industriel fabriqué en série pour construire un édifice comme on construit une voiture. Cette culture cherche à promouvoir un objet libre, non assigné à résidence, dont la constitution est dictée par ses nécessités internes (fonction, construction,

Bercy Paris
Housing / Logements

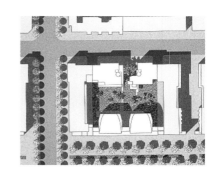

Une « charte de base », élaborée par Jean-Pierre Buffi, portait sur un alignement d'îlots réguliers le long du nouveau parc de Bercy, avec des hauteurs de balcons linéaires et stables, îlots aux cours intérieures un peu ouvertes sur le parc et fermées sur la rue arrière.
Le projet sculpte les bâtiments-objets afin d'ouvrir au mieux des vues sur le parc pour les habitants de la deuxième ligne de front. La présence d'un marronnier protégé a obligé à revoir le schéma urbain, et Christian de Portzamparc a pu ouvrir une brèche sur la face nord, divisant l'immeuble en deux.
C'est finalement un îlot plus ouvert qui en résulte ; des dispositifs de double hauteur vitrée faisant entrer largement la lumière du ciel, et un plan qui positionne judicieusement les séjours, donnent à chacun vues sur le lointain et lumière parfaite, malgré la densité et les vis-à-vis assez proches.
C'est une bonne expérience de la densité, qui souligne la vertu des brèches et ouvertures telles que les Hautes Formes l'avaient déjà montré.

Paris, Housing
Bercy, Concerted Development Zone, Paris, 12th district
Commission
Executed Project
Architect: Christian de Portzamparc
Assistant architects: Hélène Cassily, Sam Mays
Project manager: Paul Guilleminot
Developer: SEMAEST
Client: Carcd, Promoréal
Programme: 67 housing units, shops, car park
Surface area: 7,473 sq. m.

Street facade / Sur la rue

Park facade / Sur le parc

ted the poetics of a universe of machine-objects in which architecture, henceforth deemed too rigid, could disappear in favour of plug-in capsules equipped with a planned obsolescence: consumer objects.

On the other hand, traditional architecture affirms the absolutely singular character of space, defined by its attachment to the ground. It treats of ups and down, wind and rain; and though its models are repetitive, it negociates the site as fundamentally local and contiguous. Construction *in situ*, the transformation of a piece of planet [...] There is always something archaic about construction: the smell of excavated earth, improvized braziers, tolerances relative to the inevitable imprecisions. Disparate components reconciled to the on-site imperatives, nomadic objects, violently transforming pieces of our planet: we must accept a dual reality. – Interview with Richard Scoffier, *Scènes d'atelier*, Éditions Georges-Pompidou, 1996.

Double-light living room / h72
Séjour à double hauteur

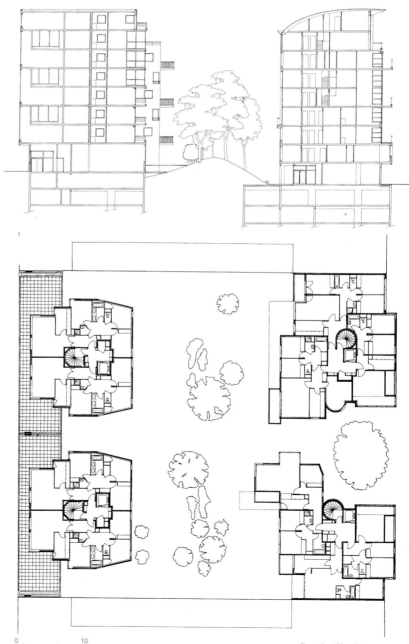 usage...). D'une certaine manière, tout objet moderne se présente comme le module autonome d'une série potentielle. Archigram, en son temps, a parfaitement isolé la poétique ludique et enthousiasmante de cet univers d'objets-machines où l'architecture, accusée d'être trop rigide, pouvait disparaître au profit de la construction industrielle de capsules capables de se clipper ou de se brancher sur des réseaux, pour être jetées après utilisation comme des objets de consommation.

Au contraire, l'architecture traditionnelle dit le caractère absolument singulier de chaque espace, de chaque lieu donné par son attache au soi. Elle dit le haut et le bas, le vent et la pluie, le dedans, le dehors; même si elle répète des modèles, elle négocie avec des sites, elle reste fondamentalement contiguë et locale. Elle travaille la construction *in situ*, elle transforme un morceau de la planète; [...] il y a toujours quelque chose d'archaïque dans la construction : l'odeur de la terre que l'on ouvre, le feu dans les bidons pour se réchauffer, les marges de tolérance face à l'imprécision de l'exécution matérielle. Elle est à la fois imbrication de composants et fabrication primitive sur le site, à la fois objet nomade et modification violente d'un morceau de la planète, et il nous faut jouer de cette double réalité. – Entretien avec Richard Scoffier, *Scènes d'atelier*, album de l'exposition Christian de Portzamparc, Éditions Centre Georges-Pompidou, 1996.

0   10

Floor plan / Plan d'étage

We are still in shock, left speechless by the "big bang", the sudden irruption of Modern planning strategies that atomized our cities. It all happened so fast. And now things have calmed down again, a feeling of ignorance as to the historical epoch in which we find ourselves seems an obstacle to action. Habits, models, doctrines and, more often than not, projects and visions are there to make cities grow. Today, we are beset with doubts and anxieties. And yet to achieve this most collective of tasks, we need shared references – it is essential to know *where* and *when* we are.

We are caught up in a change dating back over two decades : the demise of the messianic ideologies of technique, as the built mass of cities had to all intents and purposes begun to suffice.

Given the relative stabilization of European demographics, the mass of extant fact – culture and built reality as an integral part of man's ongoing archive – has increasingly taken pride of place.

The idea of razing built facts is now taboo, but new buildings rapidly become obsolete. Existing tissue is often ill-adapted to change, and thus we are faced with new tasks of modification and transformation.

Ours is the city of metamorphosis. Extant fact is the stuff of our calculations and dreams.

Our age is no less creative than its predecessors, but it is more ambiguous, difficult and demanding. Conservation here, substitution there – but when vision is lacking, there is confusion and the risk of inertia. To understand our age, we must focus our attention on cities which have gone before.

Age I cities were those of foundation, agglomeration and consolidation. Sparing in extent, dense in form, they were cities of sedimention. Now irregular and modelled by topographic constraints, now planned geometricals grids. An unbroken conversation through the centuries and a coherent testimony to succeeding generations.

Suddenly, a quantum leap occurred – the invention of *other* cities, cities of substitution rather than of foundation. Cities deliberately intended as testimonies to technical prowess, involving the *tabula rasa*, the eradication of existing fact.

This, the major phenomenon of our century, though today considered banal, was extraordinary in its suddenness, in the scope of its ambition (comparable to that of its concomitant revolutions) and in its consequences. The city of conquest and unlimited expansion imposed a universal order, regardless of the contingencies of place, climate and culture.

Some would claim that the Modern city emerged without the architects. Yet

Urbans situations, Age III
Situations urbaines, l'Âge III

41

Nous sommes encore sous le choc, hébétés par le phénomène, ce big bang, l'irruption soudaine de l'urbanisme moderne qui a explosé les villes. Tout a été très vite. Et, le calme revenu, une pénible difficulté à voir dans quel temps historique nous sommes semble partout nous paralyser.

Il y a eu, pour faire grandir les villes, des habitudes, des modèles, et souvent des projets et des visions. Aujourd'hui, il y a la prudence, l'inquiétude. Pourtant, face à cette tâche la plus collective, il nous faut des repères pour agir. Savoir où et quand nous sommes.

Depuis plus de vingt-cinq ans nous vivons un grand tournant, en Europe, au moment où la masse construite des villes a commencé à suffire à la démographie. La fin d'une idéologie messianique de la technique a sonné. Avec cette stabilisation démographique, déjà effective en Europe, la masse du «déjà-là», de la culture, des choses construites, archivées par l'homme deviennent chaque jour plus importantes.

Or, l'idée de détruire est devenue tabou, et le nouveau devient très vite dépassé. Le legs de ce stock bâti souvent mal adapté au changement nous place en face d'une tâche nouvelle : la transformation, la modification. Nous sommes entrés dans la ville de la modification. Le «déjà-là» devient un matériau essentiel du calcul et du rêve de demain.

Ce temps n'est pas moins créatif que les précédents ; il est plus ambigu, plus rusé. Il faut conserver ici, substituer là, transfigurer surtout. Mais, s'il n'y a pas de vision, il y a confusion et danger d'immobilisme. Comprendre ce temps, c'est d'abord regarder les lieux, les villes qui nous ont précédés.

Il y a eu la ville de la fondation, et l'agglomération. Celle de l'Âge I. Économe de surface, elle est la ville de la sédimentation lente. Tantôt irrégulière et tenue par la topographie, tantôt géométrique et tracée par le projet. Cette conversation, qui s'est tenue entre les générations et à travers les siècles, s'est brusquement interrompue.

Il y a eu un saut. L'invention d'une autre ville, une ville de substitution et non de fondation. Celle de l'Âge II. Une ville de planification, pensée, voulue comme une performance technique, supposant l'éradication de l'ancien, la table rase.

Ce phénomène majeur du siècle, devenu banal, est extraordinaire par sa soudaineté, par son ambition parallèle à l'épopée révolutionnaire, par ses conséquences aussi. Cette ville de la conquête, de l'expansion illimitée sur la nature, ressemble au dessein d'installer un ordre universel sur le monde, délié des contingences, des lieux, des climats et des cultures. Certains prétendent que la ville moderne se serait faite sans les architectes.

consider the texts and the plans. 1922 : Le Corbusier's *Ville contemporaine*; 1933 : his *Ville radieuse*; 1947 : the declarations concerning the reconstruction of France. Consider the 13th district of Paris, which, though bastardized, simplistic or impure, remains an efficient and typical instance of what I call Age II.

Two city-types, two equally legitimate and exhilarating visions, followed on and confronted each other. They were diametrically opposed. Age II cities, particularly brief, covered far more terrain and, by violent contrast, led to a feeling of loss, underscoring the hitherto unsuspected yet nonetheless remarkable unity and coherence of its Age I counterparts.

The history of cities can be analyzed from a hundred different points of view : land values, economic considerations, politics, technique. But I try to see plans and places in terms of perceived form or *Gestalt* – as the sensorial experience of spaces. And this vision of the city is also that of the countless agents who built them. A concatenation of voids and solids, built and unbuilt spaces.

In the infinite diversity of its forms, the first city-type images a scheme of extraordinary continuity through the centuries : that of streets and their continuous alignments of buildings.

With the Greek grid, with the network of vernacular urbanizations and the great Baroque street-plans, through twenty centuries and in all its forms, the city never ceased to be envisioned, travelled, planned and named as a series of collective thoroughfares and privately-owned city-blocks or *insulæ*. These collective spaces defined by continuous façades constitute a

topology. The Age I city might above all be defined as a long elegy of the void as sensitive form. Lao Tse, for instance, defined the void as the place between walls which man occupies. An in-between.

Age II came as a thunderbolt – the curious, sudden and hot-headed inversion of this topology which, like a glove, was simply turned inside out. Cities were no longer organized around the voids of public spaces, but on a succession of solids, often raised above the ground, indifferent to the site, universal.

The technical quest for maximum density led to the dissociation between street-plan and built space. Suddenly, the street was thrown out, and the notion of in-between with it. There was a clear shift in vision from the street (rather than the traditional *insula*) to the rectilinear "bar" or horizontal block.

Age II fizzled out with the housing crisis, without having achieved its ends. Its underlying ideology collapsed. Yet nothing has come to replace it. Instead of the diluted, liberated city, we now have heterogeneous urban concentrations – the Metropoles. Instead of an expanding world, we are now discovering the limits of our planet.

Age III is Protean, multiform, in which projects often mask their true intentions.

In this confused situation, the fact of naming Age III has the merit of pointing to the demise of its predecessors. After the age of foundation and sedimentation, and after an age of substitutions, that of metamorphosis. It may also help us to comprehend our heritage. We are everywhere faced

Relisons les textes, les plans; 1922, la «Ville contemporaine» de Le Corbusier; 1933, «la ville radieuse»; 1947, les déclarations de la reconstruction en France. Regardons le 13ᵉ arrondissement à Paris : ce schéma bâtard, simplifié, impur certes, mais efficace, est ce que j'appelle l'Âge II.
À l'évidence, deux villes, deux conceptions, deux visions aussi légitimes et enthousiasmantes l'une que l'autre se sont succédées, affrontées, l'une voulant supprimer l'autre. Tout les a opposées. L'Âge II, très bref, construit plus largement le territoire que tout l'Âge I, et, par la violence de son contraste, révèle l'unité et la cohérence remarquables de l'Âge I, illisibles comme telles auparavant.

On peut analyser cette histoire de cent façons; foncière, économique, politique, technique. Je voudrais la regarder comme histoire de la forme, comme *Gestalt*. Cette forme urbaine est une succession de volumes pleins et de volumes vides, de bâti et de non bâti.
Sous cet angle, la première ville, avec des formes infiniment diverses au long des siècles, présente un schéma d'organisation d'une extraordinaire continuité : celui de la rue, de la contiguïté du système viaire et du système bâti.
Avec la trame grecque, avec les lacis des urbanisations vernaculaires, avec les grands tracés baroques, à travers vingt siècles et sous toutes les formes, la ville a été sans cesse vue, parcourue, planifiée, nommée, bâtie selon ce sytème de voies bordées par des parcelles privées, et formant des îlots. Ces espaces publics tenus entre les façades accolées sont une topologie du plein et du vide. La ville de l'Âge I est une longue élégie du vide comme

forme sensible, au sens où Lao Tseu définit le vide comme le lieu où l'homme se tient entre les murs; l'entre-deux.
Le coup de tonnerre de l'Âge II, c'est la réversion subite étrange et emportée de toute cette topologie : la ville est retournée comme un gant. On ne la planifie plus selon le vide des espaces publics, mais à partir d'objets pleins successifs, de bâtiments autonomes souvent décollés du sol, indifférents au lieu.
La recherche technique de la densité conduit à la séparation du viaire et du bâti. La forme rue est rejetée. Naturellement, consubstantiellement, l'idée d'entre-deux disparaît. On est passé de la rue à la barre plutôt que de «l'îlot à la barre»; cette réversion est due à un changement de paradigme et de vision.

L'Âge II s'est arrêté peu à peu, la fin de l'état de crise du logement n'ayant pas achevé son dessein. L'idéologie qui le portait alors a disparu, et rien ne l'a remplacée. Au lieu de la ville diluée, libérée, nous héritons de concentrations urbaines hétérogènes, les métropoles. Au lieu d'un monde en expansion, nous découvrons les limites de notre planète.
L'Âge III est un temps multiforme qui ne s'affirme pas et où les projets avancent masqués parfois.
Dans cette confusion, nommer cet Âge «III», c'est affirmer au moins la fin des deux âges précédents : après l'âge de la fondation-agglomération, après celui de la substitution, vient celui de la métamorphose.
C'est comprendre notre héritage.
Nous sommes presque partout face à des territoires duels, contradictoires.

with duels and contradictions specific to the two previous Ages. All our cultural and theoretical elaborations reflect this dual heritage, and a new synthesis has yet to be found. Age I and Age II remain the only references, whereas they clearly correspond to the past and are mutually exclusive. Faced with this schizophrenia, our task is to imagine solutions capable of taking the city further.

Age I was not replaced by Age II as had been intended. Rather, it was transformed, just as Age II will be transformed. This is the object and the material of our work.

We cannot treat Age II as a mere parenthesis in the hope of countering its urban ideas. Age II carried with it some of the aspirations of our century and its techniques – the lessons of Modernity. It taught us what in Age I was lasting and imperative.

Although the city has always contained time, this marvellous facet has today been amplified into grandiose, theatrical and sometimes enigmatic phenomena – the day-to-day lessons of our civilization.

Today, each situation has its own specificity. We must evolve a rationale, a programmatics and a poetics of modification.

This is a case-by-case approach. Reorganizations, rehabilitations, transformations, substitutions, new projects. We must diagnose, destroy and preserve, transfigure. The palette is endlessly rich.

A curious destiny for our Modernity, which hymned universals and mass-production, and which must now conjugate novelty and absolute freedom with the impure and even archaic treatment of the extant.

Ages I and II had one thing in common: an idea of harmony grounded in the notion of imitative models or norms. A comparable idea of homogeneity which raised the resemblance between things into an ideal for the city.

Age III marks the demise of the conventions, codes and exclusive ideologies which characterized its predecessors. Architecture, too, has fragmented into a multiplicity of possible forms and rapidly succeeding styles.

The city is an archipelago, made up of parts that are contradictory, heterogeneous, discrete or cohering together.

Today more than ever, we must strive for cohabitation between heterogeneous districts, and in some case we must also learn to assemble architectures of contrast. The opposition between complementary registers will constitute a poetics of the multiple city.

It is essential to think in terms of plurality, and not just of number or unity – the multiplicity of One.

The ten projects presented in this chapter illustrate both global treatments of the city, and work on a smaller scale, involving texture and the city-block or *insula*. They associate the architectural object, in all its diversity, with the culture of the in-between, of space, in its fundamental continuity.

These questions, which are posed whether the task is to remodel Age II *quartiers* or create new districts, gave rise either to *insulæ* recreated on the basis of disjointed elements, or free city-blocks independent of surrounding streets, or again the theme of the open block and street. Elaborations of the hybrid. The urban forms of a dual heritage.

Christian de Portzamparc

Notre culture et notre bagage théorique sont marqués par ce double héritage, sans qu'une nouvelle synthèse ait eu lieu. l'Âge I et l'Âge II sont restés nos seules références de travail, alors qu'elles sont antagoniques et que chacune correspond à une époque dépassée.

Face à cette ville schizophrène, nous devons réévaluer l'héritage de chaque âge et imaginer de nouvelles réponses.

L'Âge II n'a pas effacé l'Âge I comme il le voulait. Il l'a transformé. À son tour il le sera. C'est le sujet et le matériau de notre travail.

Nous ne pouvons faire comme si l'Âge II était la parenthèse dont il suffirait de prendre le contre-pied pour repenser la ville. Il porte une part des aspirations du siècle et de ses techniques : ce sont les leçons de la modernité. Son expérience nous a appris ce que l'Âge I avait de permanent, d'incontournable : ce sont les leçons de la pérennité.

Si la ville contient le temps depuis toujours, cette propriété merveilleuse s'est amplifiée, elle a pris aujourd'hui une dimension grandiose, théâtrale, énigmatique parfois. C'est une leçon quotidienne de civilisation.

Aujourd'hui, chaque situation est particulière. Nous devons inventer une logique, une programmatique, une poétique de la modification. La démarche avance cas par cas. Restructuration, réhabilitation, transformation, substitution, projet neuf. Il faut diagnostiquer, conserver et détruire à la fois, transfigurer : la palette est infiniment riche. Étrange destin de notre modernité, qui a chanté l'universel et la série, et doit associer les desseins les plus neufs, les plus libres, au travail impur, archaïque, sur l'existant.

L'Âge I et l'Âge II avaient un point commun : une idée d'harmonie fondée sur le principe du modèle, de l'imitation, ou de la norme. Un même idéal d'homogénéité a fait de la ressemblance entre les choses un idéal de la ville. L'Âge III marque la fin des conventions, des codes, des modèles, des idéologies uniques qui avaient marqué les âges précédents. L'architecture a elle aussi éclaté vers une démultiplication des formes des possibles et un renouvellement rapide des styles.

La ville est un archipel de quartiers contradictoires, hétérogènes, dissociés ou assemblés.

Aujourd'hui, plus que jamais, nous devons faire vivre ensemble des quartiers différents, contrastés, et dans certains d'entre eux nous devons aussi apprendre à assembler des architectures contrastées, et ces oppositions entre registres complémentaires vont devenir la poétique de la ville multiple. Penser la pluralité, et non plus seulement le nombre, ou l'unité, devient essentiel : la multiplicité du un.

Les dix projets de ce chapitre illustrent, un à un, le travail sur la grande dimension urbaine ou à plus petite échelle celui de la texture urbaine et de l'îlot. Ils conjuguent la culture de l'objet architectural, sa variété, et celle de l'entre-deux, de l'espace, sa continuité.

Ce sont les questions que posent aussi bien le travail de remodelage de quartiers de l'Âge II que celui de la création de quartiers neufs. Ils ont conduit soit à des îlots recréés à partir d'objets disjoints, soit à des îlots libres non bordés de voiries, soit au thème de l'îlot ouvert et de la rue ouverte. Il s'agit de l'élaboration d'un hybride. La forme urbaine du double héritage.

Christian de Portzamparc

The in-between is the exciting thing. Architecture is not a question of objects alone. No matter how sculptural they are, objects that generate only residual spaces are failed objects. You can create space «in between» two buildings when something happens there, if there is possible movement. And to achieve this, you have to leave room for differentiated poles, forces that push and pull. – "L'espace de l'entre-deux", interview with Pascale Werner, *PAN XII, architecture de quartier*, Plan Construction, May 1982.

The grandeur and poverty of Modern cities: dynamism, confrontations, but above all the absent, inarticulate space out of sync with its century, failing to reflect on the nature of urban flux, its rhythms and its circuits. An atomized space, a city of isolated objects – the future global village of telecommunications, connections and links, designed to suppress distance and abolish place. [...] But also the desire to eliminate-differentiated form... working back to the original cesspool. So today, more than ever, the problem is architecture (literature, painting, sound, dance)...

The Atlanpole project is a novel solution both in its determination to preserve the qualities of a beautiful landscape, and in its formalization of open blocks forming districts. Set in lovely countryside close to Nantes, along the river Erdre, the project posits a small technological and university town.
This large-scale approach is superimposed onto a matrix of parks, surrounded by the fronts of an urban archipelago federating several sites along a visual axis: a strip 4 km. in length and 60 m. wide, and oriented toward the distant Brittany Tower, which signals the centre of Nantes and defines the territory, thus putting an end to destructive urban morsellations.
The dense, built blocks form neighbourhood units in an unalloyed relationship with nature (since no roadways come between them). The "islands" surround beautiful marshland and forest, a configuration structured by concrete lines running perpendicular to the major axis at 400 metre intervals. The system of open blocks houses unpredictable briefs, schools, industrial parks, workshops, housing, laboratories and services, on a 60 x 90 m grid.
Each architect selects a surface area and submits a draft plan to the town-planner on the basis of volumetric rules. This allows the planner to progressively evolve a chequered urban layout on the basis of the various projects.
The volumetric rule for the open blocks imposes street fronts covering 50% of the perimeters, reserving the rest for avenues and public or private gardens.
Recent economic trends have led to an decline in planning applications for this technological melting-pot. The park matrix is in place. Unfortunately, however, the municipal authorities have abandoned the project and left the architect with no mission to adapt the project to a different brief.

Atlanpôle Nantes
A technological park / Une technopole

L'entre-deux est passionnant. L'architecture n'est pas faite simplement d'objets. Si les objets, aussi sculpturaux soient-ils, n'engendrent entre eux qu'un espace résiduel, c'est raté. On fait naître un espace «entre deux» bâtiments s'il se passe quelque chose, s'il y a un mouvement possible. Il faut pour cela laisser place à des pôles différenciés, des forces qui se tirent, qui se poussent. – «L'espace de l'entre-deux», entretien avec Pascale Werner, *PAN XII, architecture de quartier*, Plan Construction, mai 1982.

[...] Grandeur et misère de nos cités modernes : le dynamisme, les chocs certes, mais surtout, on le sait, cette spatialité absente, presque interdite, cet espace qui n'a pas rencontré son siècle, qui n'a pas pu se renouveler dans la pensée à l'échelle du déploiement urbain, à la mesure du stock croissant des choses, au rythme des flux et des circuits. Espace pulvérisé, ville éclatée en ses objets épars, futur village planétaire des télécom, connexions, branchements, suppression des distances, abolition des lieux. [...] Dans le temps comme dans l'espace, abolition des distances, mais plus encore désir de supprimer la différenciation, la forme... aspiration au cloaque originel. Plus que jamais donc l'architecture (la littérature, la peinture, le son, la danse)...

Le projet d'Atlanpôle apparaît comme une résolution nouvelle tant par sa volonté et sa démarche pour préserver la qualité d'un très beau paysage que par sa formalisation d'îlots ouverts organisés en quartiers.
Proche de Nantes, dans une très belle campagne au bord de l'Erdre, le programme prévoyait une véritable petite ville technologique et universitaire.
La démarche à grande échelle est basée sur la définition première de parcs fondateurs, de vides *non aedificandi*, autour desquels vont se constituer les fronts bâtis d'une urbanisation en archipel, sur 4 km, fédérant plusieurs sites sur un axe visuel, longue bande rectiligne horizontale de 60 m de large visant au loin la haute tour Bretagne qui indique le centre de Nantes et nous situe dans le territoire. Ceci mettrait fin à un mitage informe et destructeur.
Les îles bâties, denses, forment des blocs de quartier qui entretiennent un rapport de bord franc avec la nature; c'est-à-dire sans voierie entre eux. Les îles entourent les beaux marais et forêts devenus parcs que des lignes de cheminement de béton perpendiculaires au grand axe rythment tous les 400 m en viabilisant le site. Le système d'îlots ouverts accueille les programmes imprévisibles, écoles, pépinières d'industries, ateliers, logements, laboratoires, services, sur une trame de 60 x 90 m. Chaque preneur décide de sa surface et propose à l'urbaniste une esquisse de plan, effectuée selon une règle volumétrique. Ceci laisse à l'urbaniste la composition progressive de l'échiquier de la ville à partir de ces projets.
La règle volumétrique des îlots ouverts prévoit de placer des façades alignées sur rue sur 50 % des périmètres d'îlots, réservant le reste à des cours ou jardins privés ou publics.
L'évolution de la conjoncture économique a vu disparaître les centaines de demandes sur le site de ce melting-pot technologique. Les parcs sont, au moins, inscrits. Malheureusement, la municipalité a abandonné l'idée et laissé l'architecte sans mission pour réajuster le projet à un programme différent.

Nantes, Atlanpôle
1988
Parc de la Chantrerie, Nantes, Loire-Atlantique
Competition
Prizewinning project
Working studies 1988-1994, interrupted by Nantes Town Hall
Architect: Christian de Portzamparc
Assistant Architects: Florent Léonhardt, Richard Scoffier
Project manage : François Chochon
Correspondent architect: Yves Steff
Client: SEMA
Program: Plan for the development of a technopolis on the banks of the river Erdre
Surface area: 23 hectares

0   1000

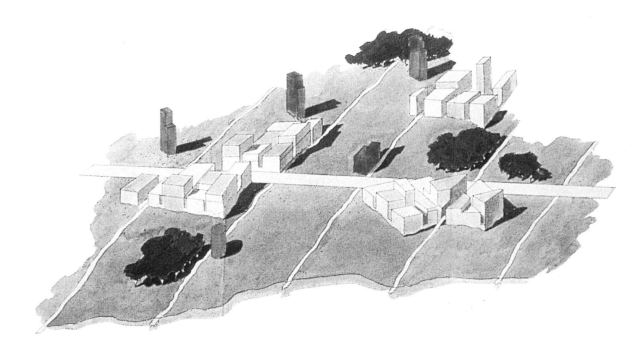

Blocks along the Atlanpole axis
Les îlots le long de l'axe Atlanpôle

[…] Today, spatiality has to be reinvented.

The architecture of this century has seen the development of the "new" object. But the key thing today is the encounter with space. A second phase of gradual change. It is the city that is at stake. That or the atomization of place. The cultural problem is to develop the space of today. Not the quest for universal harmonies, whether past or future, but by learning to assimilate the heterogeneous, the in-between. In the knowledge that spatial experience cannot be shared unless it introduces assimilable points of reference, elements of space culture, perceptual, sensory, dimensional structures conversing with shared experience, making a gap perceptible – that of evolution. The facile bombast of the absolute "never seen before" has sufficiently proved its naïvety when it comes to inventing a culture of space.

[…] Aujourd'hui, la spatialité est à inventer de nouveau. Il y a eu dans l'architecture de ce siècle l'élaboration de l'objet nouveau, il y a maintenant, impérieusement, la rencontre de l'espace. Deuxième temps, mutation lente. C'est un pari, celui de la ville. Cela ou la pulvérisation générale des lieux et des choses. Inventer l'espace aujourd'hui. C'est une culture à faire émerger. Non dans la quête d'une harmonie universelle, passée ou future, mais dans l'apprentissage de l'hétérogène, de l'entre-deux.

Inventer, mais savoir désormais qu'aucune expérience spatiale ne peut être partagée, devenir publique, si elle ne met en jeu quelques repères compréhensibles, des éléments de culture de l'espace, des structures perceptives, sensorielles, dimensionnelles, en dialogue avec l'expérience de chacun et rendant perceptible un écart, l'évolution. La facilité et l'esbrouffe du «jamais vu» absolu ont assez prouvé leur naïveté à constituer la culture spatiale.

L'enjeu dépasse aussi la forme et l'espace. C'est mettre en question cette attitude devenue banale qui avait mis en

page 47
Open blocks follow the rule, previous the insertion within the grid /
Etudes des îlots ouverts selon les programmes avant insertion dans la trame

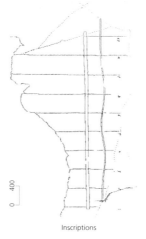

Inscriptions

District / Quartier

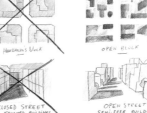

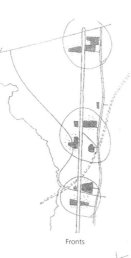

Fronts

Project / Projet

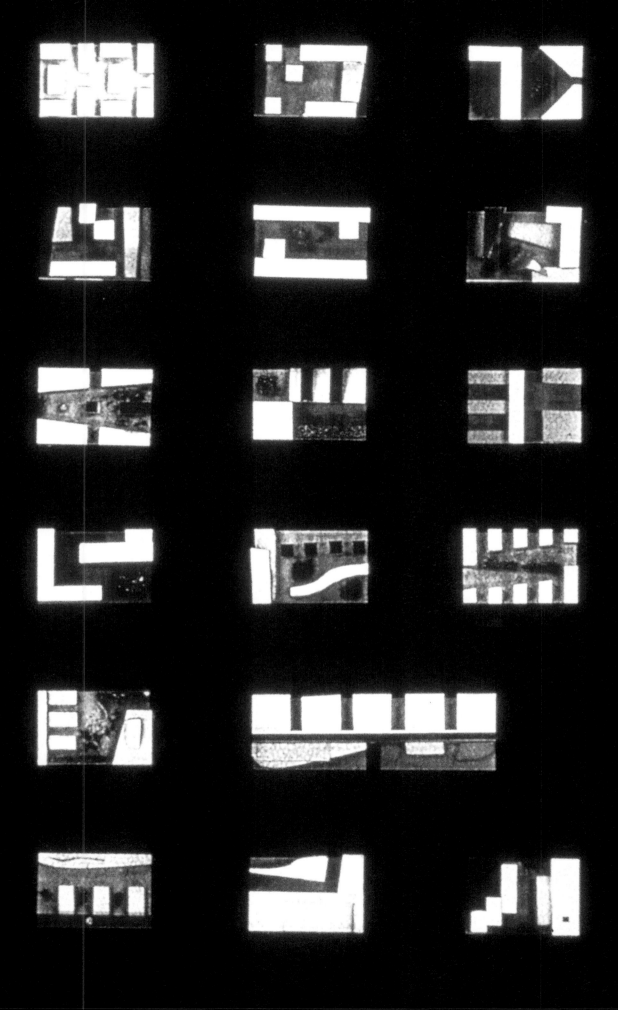

The challenge transcends form and space. Questioning a commonplace position which, fifty years ago, rejected the symbolic in favour of the utilitarian – in Gregotti's words, "function as opposed to contemplation". Reconciling, rather than opposing, form and function; a new role for architecture in the emerging cultural system. A dynamic, and even a subversive, reflection on the essence of technology, its role and meaning. Space: a meditation "made real", become public. – "La spatialité n'est plus interdite", *Art Press* – Special issue n° 2, June 1983.

The idea behind this project was to evolve an urban configuration capable of generating qualities of housing that cannot be be found in the city centre and provide reasons to live there other than mere proximity to a Regional Expressway station.
Though in a remote rural setting, the project creates a powerful pole of attraction near the station. The Great Park, planted with woodlands and criss-crossed by stretches of water, commemorates and pays homage as much to the forests of the Ile-de-France as to Central Park in Manhattan. It is laid out and planted, with buildings gradually encroaching around it, perhaps over the next hundred years.
The front of the park, designed to allow for visual openings and a line of buildings beyond the street, forms a permanent and identifiable showcase. The outstanding views lend quality to large numbers of the housing units. The urban system, formed by open blocks, develops a regular, hierarchized grid of roads superimposed onto existing limits – Noisiel village, road intersections of the new town…
Proximity to the park counters the commercial logic of housing projects invariably grouped around train stations.

Marne-la-Vallée
Sector IV
1989
Marne La Vallée Sector IV
Park Matrix
Noisiel, Marne-la-Vallée
Commission
Non-executed project
Architect: Christian de
Portzamparc
Assistant architects: Florent
Léonhardt, Marie-Elisabeth
Nicoleau
Client: EPAMARNE
Programme: offices,
housing, shops, park matrix

Marne-la-Vallée Secteur IV
A park matrix / Un parc fondateur

L'idée de ce projet est de trouver une forme d'installation urbaine là, à la campagne, qui apporte des qualités d'habitat que l'on ne peut trouver dans le centre ville et qui donne une raison d'habiter là en plus de la proximité de la gare du RER où il était demandé de bâtir le plus possible.
Dans cette lointaine campagne, le projet prévoit au contraire de créer un pôle d'attraction fort, à côté de la gare : Le Grand Parc planté de bois forestiers, traversé d'étendues d'eau, est autant la mémoire et un hommage aux forêts de l'Ile de France qu'au Central Park de Manhattan. Il est tracé et planté, les constructions viennent autour, peu à peu, en un siècle peut-être.
Le front du parc, dessiné afin de permettre des percées visuelles, doublé par une ligne de bâtiments au-delà de la voirie, constitue un écrin privilégié et identifiable, inaliénable. La vue exceptionnelle pour chaque logement donne une valeur forte pour des grandes quantités de logements. Puis le système urbain constitué d'îlots ouverts se développe le long d'un réseau viaire hiérarchisé et tramé, se met en place régulièrement et se cale sur les limites existantes, village de Noisiel, nœuds routiers de la ville nouvelle…
La valeur d'usage offerte par la proximité immédiate du parc inverse ici la logique commerciale des implantations habituellement regroupées autour des gares.

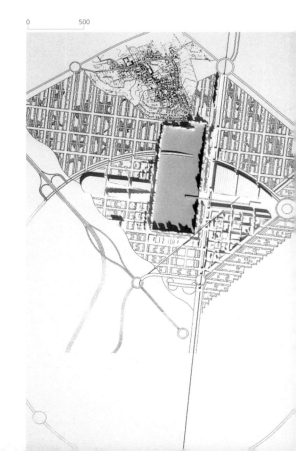

place, il y a cinquante ans, l'utilitaire à la place du symbolique, «la fonction à la place de la contemplation», dit Gregotti. Il ne s'agit plus d'opposer l'un à l'autre, mais de les faire fusionner. C'est un statut nouveau de l'architecture, qui prend un rôle un peu renouvelé dans le système culturel qui émerge. Une pensée utile dont toute la raison et le sens pourtant sont de dépasser l'utilité pure, c'est aujourd'hui subversif et solide comme lieu de réflexion sur l'essence de la technique, sa place, son sens. L'espace a cette force : c'est une méditation «concrétisée» devenue publique. – « La spatialité n'est plus interdite », *Art Press* – Hors série n° 2, juin 1983.

The rectangular void, basis of urban form. Tribute of Central Park
Le vide rectangulaire, fondateur de l'urbanisation. Hommage à Central Park

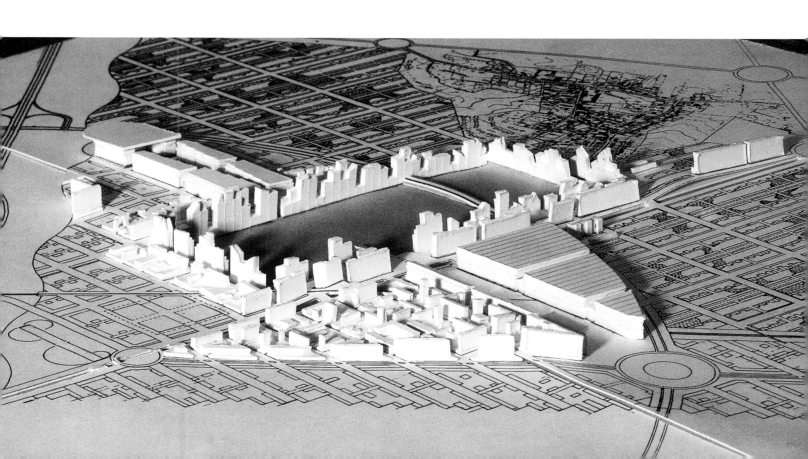

In reaction to the town-planning of objects, my early work focused on the idea of the production of hollowed-out space, and consequently on the notion that space is the significant unit. More recently, I've had to multiply spatial units and exploit the co-existence of negative spaces between walls – spacings, polarities in counterpoint, positionings and tensions between objects, or if you like, "tropisms", a term that suggests this type of dynamics. Spaces where all the places can assume different qualities. And this applies not only to the sites I've had to deal with personally, but perhaps to a more general trend. [...]

I believe that no single approach is capable of embracing the city, of imagining it in its totality. Ours is necessarily a sectorial, partial, thematic, fragmentary, localized approach which must nonetheless produce buildings capable of "working" together. [...]

At Aix two urban periods, the Middle Ages and the 18th century, each with its distinctive morphologies, confront one another across the Cours Mirabeau, like a city folded in two. The questions posed by the large empty areas of Sextius are resolved by deploying contemporaneity in the new symmetrical folds of the Cours Mirabeau, with the Place de la Rotonde as focal point. Here, the Cours Mirabeau has an unprecedented opportunity to forge a link between the new modern district with the city of the past.
The city opens out and broadens into a square lined by public facilities, which in turn gives on to a large lake-garden, delimited at one end by the skyline of a continuous band of buildings. The project unfolds and broadens out the city centre, putting it on a scale befitting the agglomeration and our time. The residential areas consist of dense open blocks, shaded, adapted to the climate, autonomous structures that free the inner courtyards, with indentations and recesses along the streets that afford both close-up and distant views.

Prolongation of the cours Mirabeau, square, aquatic garden, districts
Prolongation du cours Mirabeau, la place, le jardin d'eau, les quartiers

Aix-en-Provence
Extension of the Cours Mirabeau / Poursuivre le cours Mirabeau

Par réaction contre un urbanisme d'objets, j'ai beaucoup mis l'accent, au début de mon travail, sur l'idée de la fabrication cohérente d'un espace en creux, par conséquent sur le souci que l'unité signifiante soit l'espace. Maintenant, j'ai été amené à démultiplier les unités spatiales, à jouer davantage de la coexistence d'espaces en creux constitués par le travail des parois, d'espacements donc, et d'objets polarisants en contre points, d'emplacements et de tensions entre ces objets, de tropismes si vous voulez : c'est le mot qui indique le sens de ce dynamisme. Des espaces dans lesquels tous les endroits n'ont pas la même qualité. Cela tient bien sûr aux sites auxquels j'ai été confronté et, aussi, peut-être à une évolution. [...]

Je crois qu'aucune pensée aujourd'hui n'est capable d'embrasser la ville, de la réfléchir globalement. On ne peut avoir que des pensées sectorielles, partielles, thématiques, ou locales, fragmentaires, des pensées localisées qui se conjuguent, qui s'entrechoquent mais doivent conduire à des bâtiments capables de « travailler » ensemble. [...]

À Aix, deux époques urbaines, aux morphologies bien distinctes, le Moyen Âge et le XVIIIᵉ siècle, se font face sur le cours Mirabeau comme une ville qu'on aurait dépliée. À la question posée par les vastes terrains vides de Sextius, le projet propose de répondre en déployant notre époque dans un nouveau dépliage symétrique, celui du cours Mirabeau, cette fois, à partir du point focal de la place de la Rotonde. Le cours Mirabeau présente ici la chance inouïe, en étant prolongé, de lier le nouveau quartier, moderne, à l'histoire ancienne. Cette chance a été perdue aujourd'hui. La ville s'ouvre et s'élargit en une place bordée d'équipements publics, qui débouche sur un grand lac-jardin, tenu en son fond par la silhouette d'un front bâti continu. Le projet déploie et agrandit le centre ville, le met à l'échelle de l'agglomération et de notre époque. Les quartiers d'habitations sont constitués d'îlots ouverts, serrés, ombragés, adaptés au climat, respectant des constructions relativement autonomes qui libèrent des cours intérieures, des échancrures et retraits le long des rues, et multiplient les vues proches et lointaines.

Aix-en-Provence, Sextius Mirabeau Square
1989
Place Sextius Mirabeau, Aix-en-Provence
Competition
Project placed second equal
Architect: Christian de Portzamparc
Assistant Architect: Marie-Elisabeth Nicoleau
Client: City of Aix-en-Provence, Urbat (Montpellier), Fonta (Toulouse)
Programme: urban redevelopment, hotels, offices, shops, sports facilities, galleries, auditoriums
Surface area: 102,000 sq.m. on 16 hectares

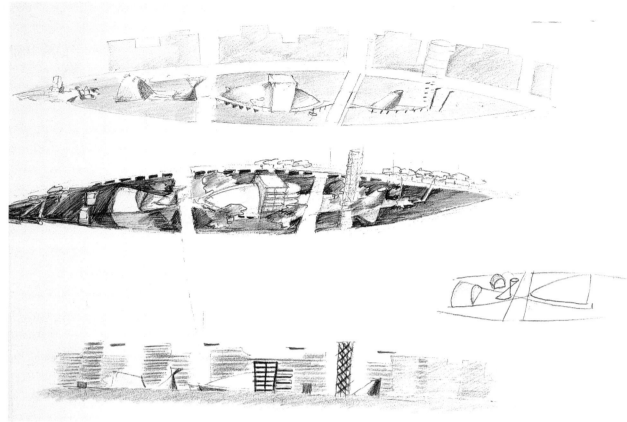

To the North, the aquatic garden-square, in front of the built facades, an enormous automobile intersection
Au nord, la place-jardin aquatique devant le front bâti, un vaste échangeur automobile

Model of a opened block
Maquette d'un îlot ouvert

The approach has to be case-by-case. Each project has taught me new lessons. That is why I say the Modern Movement taught us nothing about the new method, because that wasn't its task. Its task was to bring to emphasize novel plastic and visual articulations by extracting the object from its urban context, rejecting relations with all other objects, in other words, by rejecting spatial approaches. – "Penser l'espace", interview with François and Olivier Chaslin *Christian de Portzamparc*, Paris, Éditions Ifa/Electa Moniteur, 1984.

No relevant convention predominates, be it typological or morphological. Each site demands a specific approach. With the danger is that this reflection may give rise to a flash, an amazing feat, "something new" at all costs.

Not all programmes and places cannot tolerate this. But the trend is there – it is a hallmark of our age, whether one likes it or not. Once homogeneous in its harmony and, more recently, in its ennui, the city is now becoming variegated. – "La Ville devient bigarrée", interview with Jean-Claude Eslin, *Esprit,* December 1985.

The clash between Age I and Age II has here resulted in a caricature of the hybrid Age III city. Two urban periods are in evidence: the mediaeval centre, now a lively shopping district, and the somewhat cumbersome and gloomy tower blocks and low-rise buildings of the 1970s, on Coislin Square, the site of a bus station. On the square, the brief called for a diversified complex of offices, housing, hotels, secondary schools, cinemas, a car-park, and most important of all, a network of ground-floor shops echoing that of the mediaeval centre. A series of block-buildings combines two-storey commercial premises and set on these plinths, small housing and office towers…
This system of blocks generates a network of little streets leading to a hyper-dense central square. This lively central district, with its serried, staccato cadences, incorporates and absorbs the existing buildings, tower-block and low-rise alike, and creates a sort of mini-downtown within the old city.
Between the old and new districts and the existing tower-blocks, new streets form vertical slits of sky. The width and intimate scale of the traditional streets are preserved; the height of the buildings lining them is increased, and the continuous alignments are replaced by well-spaced rhythms, a cadencing of voids and solids that generates both light and views.

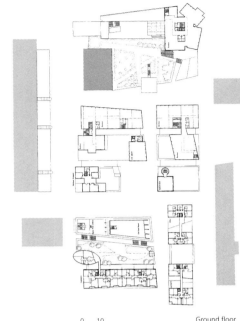

0   10

Ground floor
In shadow, Age II buildings /
Rez-de-chaussée
En sombre, les bâtiments Âge II

Nous devons cheminer projet par projet : j'ai appris à chaque fois des choses nouvelles. C'est pour cela que je dis que nous sommes après le Mouvement moderne, qu'il ne nous apprend rien sur cette pensée, parce que cela n'a pas été son travail, que son travail a été de faire apparaître de nouvelles articulations plastiques de l'objet architectural et, pour bien le cerner, d'extraire justement cet objet de son site urbain, de rejeter toute pensée qui le lie à d'autres objets, c'est-à-dire précisément d'enterrer toute pensée spatiale. – «Penser l'espace», entretien avec François et Olivier Chaslin, *Christian de Portzamparc*, Éditions Ifa/Electa Moniteur, Paris, 1984.

On n'a pas de convention pertinente, qui s'impose, ni typologique, ni morphologique : sur chaque site, il faut avoir une réflexion différente. Le danger étant que cette réflexion donne naissance à chaque fois à un coup d'éclat, à un tour de force, que l'on veuille faire du «nouveau» à tout prix.

Tous les programmes, tous les lieux ne peuvent l'accepter. Mais c'est une tendance inévitable, un fait qui marque notre époque, qu'on le veuille ou non : la ville, qui était homogène dans l'harmonie et récemment dans l'ennui, la ville devient bigarrée.

– «La ville devient bigarrée», entretien avec Jean-Claude Eslin, *Esprit,* décembre 1985.

Metz
An urban centre / Un centre en ville

Voici un lieu où la confrontation entre l'Âge I et l'Âge II est caricatural de cette ville hybride de l'Âge III : deux époques de la ville sont en présence ; le Moyen Âge, qui caractérise tout le centre de Metz, devenu un quartier commercial très vivant, les tours et les barres assez lourdes et tristes des années soixante-dix, sur la place Coislin devenue gare routière.
Sur cette place, le programme demandait un ensemble très diversifié de bureaux, logements, hôtels, gymnases, cinémas, un parc de stationnement et, surtout, un réseau de commerces à rez-de-chaussée qui poursuive celui du centre médiéval. Une série d'immeubles-îlots combinent au sol, sur deux niveaux, les surfaces commerciales, et, posées sur ces socles, des petites tours pour les logements et bureaux…
Ce système de blocs installe un réseau de rues qui se décrochent et conduisent à une place centrale hyper-dense. Ce petit quartier haut, central, électrique, au rythme serré, «staccato», intègre, absorbe les tours et barres existantes, pour former dans la ville ancienne un mini *down-town*. Entre l'ancien quartier, le nouveau quartier et les tours existantes, des rues nouvelles découpent des fentes de ciel très verticales, la largeur et l'intimité des rues traditionnelles est conservée, la hauteur des immeubles qui les bordent est augmentée et l'alignement bâti continu, traditionnel, horizontal est remplacé par un rythme aéré, une scansion vide-plein qui laisse passer la lumière et la vue.

Metz, Coislin Square
1990
Place Coislin, Metz
Competition
Non-selected project
Architect: Christian de Portzamparc
Assistant Architect: Francois Chochon
Client: Ville de Metz, Espace Promotion
Programme: urban redevelopment, shops, housing, offices, hotels
Surface area: 45,000 sq. m.

Yesterday I concentrated on scale, rhythms, light, the tensions between existing things. These themes are still present in my work. But today, I'm more concerned with notions of order and disorder, with proportions of the readable and unreadable. Both are necessary. I'm also focusing my efforts on the idea of differentiation, which seems crucial to me. Architectures are becoming increasingly differentiated, conventions are on the wane. A problem for today's cities. […]

As for the void, my concern is that we are both inside one thing and outside another. Inside (a piece of the city) and at the same time outside, free and in a protective environment. It should be possible to reconcile perception with this two-fold sensation. People quickly get bored when place is informed only by this feeling of there being a protective envelope. […]

The three ages: the early, mediaeval centre, low and high rises blocks; in colour, the proposed layout with its various programmes /
Les trois âges : le centre médiéval commerçant, les tours et les barres, et, en couleur, le projet proposé et ses divers programmes

Hier, j'étais préoccupé par l'échelle, le rythme, la lumière, par les rapports de tension avec les choses qui existent. Toutes ces questions sont encore présentes dans mon travail. Mais maintenant, je m'intéresse particulièrement aux notions d'ordre et de désordre, à savoir le dosage du lisible et de l'illisible, les deux sont nécessaires. Je porte mes efforts aussi sur l'idée de différenciation qui me paraît fondamentale. Les architectures se différencient, les conventions communes disparaissent. Et c'est un problème de la ville d'aujourd'hui. […] Au sujet du vide, j'aspire à ce qu'on perçoive à la fois le fait qu'on est dans quelque chose et hors de quelque chose. Être dans un morceau tout en sentant qu'on est en même temps libre et dehors et dans un milieu protecteur.

Il doit être possible d'accommoder la perception avec cette double sensation. On s'ennuie très vite si un lieu n'est formé que par ce sentiment de l'enveloppe protectrice. […]

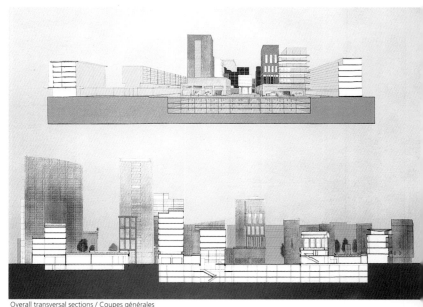

Overall transversal sections / Coupes générales

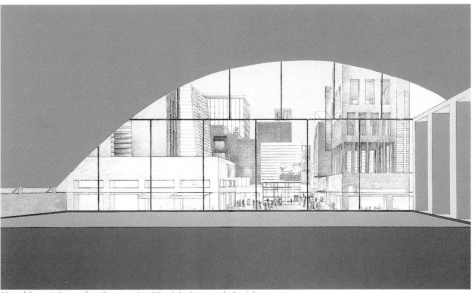

View of the central square from the gymnasium / Vue de la place centrale depuis le gymnase

When I have to tackle a whole district, I try to avoid a single rationale. I have no desire for absolute symbiosis with context. Several types of logic, both large- and small-scale, come into play. The problem is one of order and disorder. At times I design whole pieces as if they already existed, to act as foils to others. – "Cinq architectes dans l'espace moderne", interview with Ginette Baty-Tornikian and Christophe Cuny, *Plan Construction*, 1989.

We have learned to view the city with more "contemporary" eyes, encompassing it in all its facets and its periods, knowing that it will never be completely demolished, and never completely "modern". The city as an immense confluence of increasingly disparate periods, strata and objects which accumulate in a combination of freedom and constraint, as opposed to the dream of homogeneity. This is a realistic, a living point of view. We have begun to build "modern" within and with Paris, and not against it – to resume urban growth in all its forms and sedimentary layers. If there has been a palpable renewal of architecture in Paris, it's probably because of this. The recognition that architecture no

How are people to live on the outskirts of the city?
Instead of creating blocks that more or less imitate the city centres, this project defines the spirit peculiar to the place, the specific qualities of a site which will be neither city nor country, and thus invents a method of grouping and density which underscores its rustic charms.
As in the premises for Atlanpole, the idea here was to preserve the landscape and concentrate within it islands of buildings, thus preserving much of the area with its gardens, olive-trees and vines.
The built islands are car-park plinths establishing clearly-defined links with the gardens, and on them double-facing buildings organized around inner courtyards, with sweeping views of the preserved natural site.

Montpellier
Life outside the city / Habiter hors la ville

0   100

Si j'ai un quartier à faire, j'aspire à quelque chose qui ne soit pas tissé selon une unique et même logique. Il n'y a pas chez moi cette volonté de fusionner, de se raccorder à tout prix avec le contexte. Plusieurs types de logiques se mêleront, une à grande échelle, l'autre à petite échelle, ce sera l'ordre et le désordre. Par moment, je penserai des morceaux entiers, comme s'ils étaient déjà là, auxquels vont s'opposer d'autres.

– «Cinq architectes dans l'espace moderne», entretien avec Ginette Baty-Tornikian et Christophe Cuny, *Plan Construction*, 1989.

Nous avons appris à porter un autre regard sur la ville, plus «moderne» au fond, l'englobant dans tous ses états et toutes ses époques, sachant qu'elle ne serait jamais toute rasée et jamais toute «moderne». Un regard qui voit la ville comme un immense colloque d'époques, de strates et d'objets de plus en plus différents qui s'intègrent, s'agrègent, dans un mélange de liberté et de règles plus que dans un rêve d'homogénéité. Vue réaliste, point de vue du vivant. Ainsi, nous avons commencé à construire «moderne» dans et avec

Comment habiter en périphérie de la ville?
Ce projet, au lieu de faire un lotissement imitant plus ou moins le centre ville, cherche à définir le génie propre d'un lieu, les qualités de vie spécifiques d'un site qui ne sera ni la ville ni la campagne, cherche donc à inventer un mode de groupement et de densité qui profite du charme agreste de ce site.
Comme pour les prémices d'Atlanpôle, l'idée est de conserver le paysage, d'y concentrer des îles bâties et de préserver une grande part du territoire avec ses jardins, ses oliviers et ses vignes.
Chaque île bâtie est constituée d'un socle de parkings qui entretient un rapport net et franc avec les jardins et sur lesquels s'installent les immeubles à double orientation, autour de cours intérieures avec vues sur le large panorama du site naturel conservé.

Montpellier, Gardens of the Lironde
1991
Les Jardins de la Lironde, Montpellier, Concerted Development Zone Commission
Working studies in progress
Architect: Christian de Portzamparc
Assistant Architect: François Chochon
Client: Société d'Équipement de la Région de Montpellier (SERM)
Program: Urban development, housing, offices, shopping centres, schools
Surface area: 190,000 sq. m. on 35 hectares

Free blocks amids vines and olive-trees
Îlots libres dans les vignes et les oliviers

longer consists of a solitary objects illustrating the theory of another city, but a response that gives placed renewed meaning. A question of rigorous, bold, inventive spatial interplays, and not merely a stylistic accompaniment to what is already there. – Preface to Hervé Martin, *Guide d'architecture moderne à Paris*, Paris, Syros Alternatives, 1990.

I remember a story I wrote about a city of dough in which new machines traced out hollows and voids. At La Roquette, I posited the hollow as a strong, essential, constituent element. For Les Hautes Formes the question was, is it possible for architectures as objects to generate identifiable empty spaces? And what quality of life can be given to those empty spaces? To my mind, what was crucial was that they should furnish close-up views that are also distant, unlike Haussmann's boulevards. Architecture has a great ability to expand, contract and transform our perceptions. Contemporary architectural objects generate places shaped

Set within the walls of the dense city of Toulouse, along the Canal du Midi, this project amplifies research into the open block at Nantes. This treatment of the urban fabric, which gives pride of place to voids and solids, is part town-planning and part architecture. This approach helps to evolve urban production processes and define regulations that do not merely reproduce what has existed in the past.

The study evolved in three phases: an urban organization forming an unarticulated, maze-like complex of blocks, then the introduction of two large canals in the shape of a cross, and lastly their transformation into two shady avenues in the Toulouse urban tradition.

Successive layers organize the variety of building typologies: continuous façades, high-rise island-blocks, buildings as objects, buildings aligned at variable heights, open blocks and free blocks located around the large cruciform axis that structures the neighbourhood and hierarchizes the public places (canal, avenue, street, garden, alley, inner courtyard). Some programmes, in particular the central hotel, have closely-defined volumes, but most may be quite freely interpreted, though building ratios and obligatory heights and proportions of the street fronts will call for specific studies.

The project along the "Canal du Midi"
Le projet situé le long du canal du Midi

Toulouse
A city neighbourhood / Un quartier dans la ville

Paris, et non contre; à faire évoluer encore cette ville dans ses formes et ses couches sédimentaires. S'il y a un renouveau de l'architecture sensible dans Paris, c'est probablement à partir de là qu'il a été possible: la reconnaissance d'une architecture qui n'est plus un objet solitaire, l'illustration d'une théorie pour une autre ville, mais une réponse à un lieu et qui en renouvelle le sens. Affaire de jeu spatial, rigoureux, audacieux, inventif, et non accompagnement stylistique de ce qui est déjà là. – Préface à Hervé Martin, *Guide d'architecture moderne à Paris*, Syros Alternatives, Paris, 1990.

Je me souviens d'une fiction que j'avais écrite d'une ville qui serait faite d'une pâte dans laquelle des engins nouveaux traceraient des vides et des creux. À la Roquette, je me posais cette question du creux comme élément fort, essentiel, constitutif, aux Hautes Formes c'était: peut-on faire des architectures-objets qui donnent lieu à des espaces vides, repérables? Et ces espaces vides, quelle qualité de vie peut-on leur donner? Ce qui était essentiel à mes yeux, c'était

Mass plan. 1st project / Plan masse. 1er projet

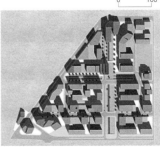

Mass plan. 3rd project / Plan masse. 3e projet

Dans la ville dense de Toulouse, *intra-muros*, au bord du canal du Midi, le projet amplifie les recherches développées à Nantes sur l'îlot ouvert. Ce sont les travaux sur l'urbain qui posent en préalable l'importance déterminante des pleins et des vides et se trouvent à mi-chemin entre urbanisme et architecture. Cette démarche permet d'avancer vers des processus de production de la ville, de mise au point de règlements qui ne soient pas la simple reproduction de ce qui a été.

L'étude s'est développée en trois phases: une organisation urbaine formant comme un labyrinthe d'îlots sans grand espace fédérateur, puis la mise en place de deux grands canaux en croix et enfin leur transformation en deux allées ombragées, pour se conformer à la tradition toulousaine.

Des strates successives organisent la variété des formules bâties. Front continu, îlot immeuble, immeuble objet, immeuble aligné à hauteur variable, îlot ouvert, îlot libre se déclinent autour d'un grand axe en croix qui organise le quartier tandis que le plan en croix hiérarchise les espaces publics (canal, avenue, rue, jardin, venelle, cours intérieures). Certains programmes, dont l'hôtel central, sont définis dans leurs volumes, mais la plupart sont relativement libres d'interprétation. Ils sont déterminés par un cadre de gabarit excédant de 20 % la surface constructible, avec des hauteurs obligatoires et des proportions de façades alignées sur rue qui obligent à des études particulières pour les autres côtés.

Toulouse, Les Ponts Jumeaux
1991
Concerted Development Zone Commission
Studies in progress
Architect: Christian de Portzamparc
Assistant architects: Marie-Elizabeth Nicoleau, Bruno Barbot, Sam May
Project manager: Bruno Barbot, Marie-Elizabeth Nicoleau
Client: SNC, Les Portes de Toulouse, Fonta, 3F, Mallardeau, les Ferronneries du Midi
Programme: urban redevelopment, housing, offices, shopping centre, schools
Surface area: 200,000 sq. m. on 10 hectares

Model. 3rd project / Maquette. 3e projet

Study model. Opened blocks / Maquette d'étude. Îlots ouverts

Model. 1st project / Maquette. 1er projet

like streets. But not "corridors" – not a seamless band of contiguous buildings. This is the problem of the "modern city block", an expression which was probably a contradiction in terms in the 1960s. And which today designates a way of avoiding a return to the Haussmann-like block, whose party walls, closed inner courtyards and general scale are far removed from today's aspirations – to light, views, volumes, etc. [...]

In the seventies I had to pick up the modern thread little by little – in an attempt to understand that our heritage coexists with another, broader one. A question not of urban but of spatial culture. Something which transcends language, individual histories and the story of man's travels across the cities, mountains and plains. Affection for, and perceptions of, our territories, and the way in which we model and manufacture it. A culture whose texts are villages, towns, and cities... There's nothing naturalistic about this – on the contrary, it's a question of human thought, even if that thought has no written formulation but is revealed in stone, wood, concrete or metal. [...]

There are places where geography identifies a city as well as its monuments. This is the case of Marseilles and its coastal road. At the foot of the spectacular Samathan cliff, Les Catalans is intended first of all to celebrate the site whilst providing each housing unit with both a sea view to the south and sunlight from the west. Rather than a line of buildings along the coastal road, blocking off the sea from the rest of the area, Portzamparc creates a fragmented urban scheme which a rock garden cuts in two, ensuring public access to the beach. The "in-between" affords beautiful views of the sea and over the cliff, framing the site and nature. A 40-metre rise generates a terraced city. The buildings are handled on principles of vertical stratification, on superimposed terrestrial and ethereal levels.

Marseille
A cliff and the sea / Une falaise et la mer

qu'ils apportent toujours des vues proches et des vues lointaines au contraire des cours haussmaniennes. L'architecture a une grande capacité à dilater, contracter, transformer la perception. Donc, des objets architecturaux modernes forment un lieu qui a forme de rue. Et qui pourtant n'est pas «rue-corridor» et n'a pas d'immeubles accolés en mitoyens. C'est le travail sur le thème d'un «îlot urbain moderne», expression qui aurait été une contradiction dans les années soixante. Et qui désigne aujourd'hui la voie pour échapper à la reprise de l'îlot haussmanien dont les mitoyens, les cours intérieures fermées, les gabarits sont en général loin des aspirations d'aujourd'hui : pour la lumière, les vues, les volumes, etc. [...]

J'ai l'impression que dans les années soixante-dix, j'ai eu besoin de me constituer un sol pour reprendre le fil moderne peu à peu. Il fallait faire ce chemin, c'est-à-dire comprendre qu'il y a l'héritage moderne et un héritage plus vaste. Non pas la culture urbaine, mais la culture spatiale : quelque chose qui n'est pas inclus dans la langue, mais qui est à la fois notre histoire individuelle et les voyages de l'humanité à travers ses villes, ses montagnes, ses plaines, c'est-à-dire la façon dont on aime et perçoit, la manière dont on modèle et fabrique le

Il est des lieux où la géographie identifie une ville au même titre que ses monuments, ainsi en est-il de Marseille et de sa corniche. Au pied de la spectaculaire falaise de Samathan, le projet des Catalans s'emploie d'abord à célébrer le site et pour cela à donner à chaque logement à la fois vue sur la mer vers le sud, et ensoleillement vers l'ouest. Au lieu d'une ligne d'immeubles bordant la corniche et masquant la mer pour le reste du terrain, Portzamparc installe un dispositif urbain fragmenté que sépare en deux un jardin de pierres assurant un passage public jusqu'à la plage. Le travail sur «l'entre-deux» devient le support pour ménager deux belles vues, sur la mer d'un côté, sur le rocher de l'autre. Ces cadrages lient le site et la nature de manière indéfectible. Les quarante mètres de dénivelé servent à installer une ville étagée. L'architecte travaille ici les bâtiments sur le principe de la stratification verticale, et superpose, selon des équilibres savamment ménagés, des registres terrestres, socles, et des registres aériens, solaires.

Marseille, les Catalans
1991
Corniche du Président Kennedy, Marseille
Competition
Non-selected project
Architect: Christian de Portzamparc
Assistant Architect: Marie-Elisabeth Nicoleau
Client: Ville de Marseille, SEERI, SOFAP
Programme: seaside / health resort: hotel, congress centre, services, luxury apartments, business tourist facilities
Surface area: 30,000 sq. m.

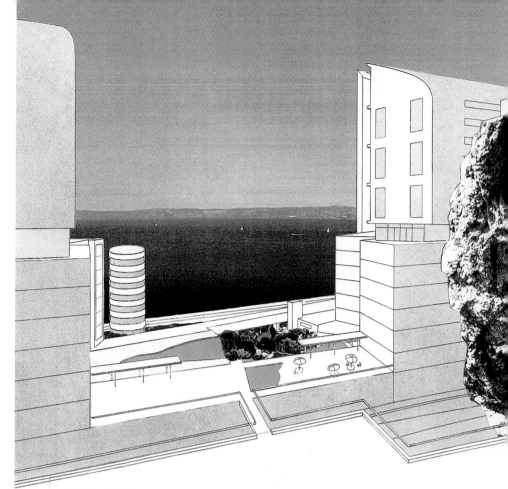

View from the cliff / Vue depuis la falaise

Garrigue gardens, stepped terraces / Le jardin en garrigue, les terrasses étagées

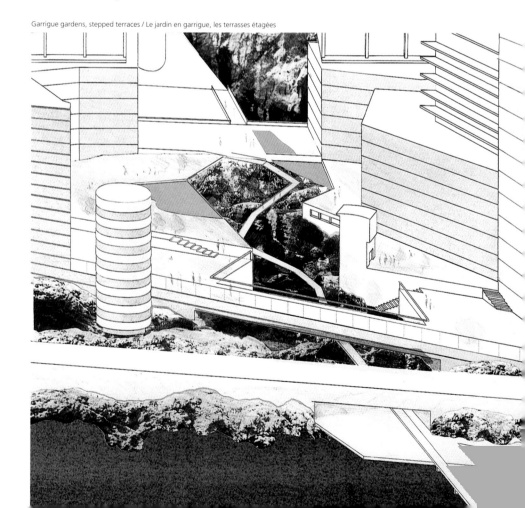

In the sixties, architects hadn't yet thrown out the idea that two-thirds of Paris could be razed, that one could at last build a clean, hygienic, homogeneous, modern city... But the films of Antonioni and Godard were partly shot in historic cities and partly in modern neighbourhoods. This was a new, more productive way of seeing thing. Whether they date from the thirties, from 1750 or from 1850, buildings are always our contemporaries. They are our coffee-pots, our tables and our chairs. We use them with the same straightforwardness. That is the strength of the city. Time is alive there, whereas in a museum it is embalmed. Only cities can offer us this happiness... Cities and literary texts. – "Le langage muet", interview with Jean-Pierre Le Dantec, *Lumières de la ville*, Banlieues 1989-91.

This project tackles the question of cityscape, and the possibility of reading urban territory, however vast, in terms of our own bodies.
The mediaeval centre and the 19th-century village of Neudorf form twin cities. Between the two gapes 500-metre-wide strip of waste ground, today crossed by an expressway and an isolated canal, along which stand somewhat bulky municipal buildings constructed twenty years ago in a diagonal position.
Instead of filling in this space, and linking the two cities with structures that would have destroyed this magnificent interval from which the two cities can be seen in their entirety, Christian de Portzamparc proposes a large aquatic park as gateway to the city. The canal is enlarged to form a lake with a central island incorporating old offices and new programmes, (World Trade Center, hotel, railway station, offices) – a focal point for the two cities.

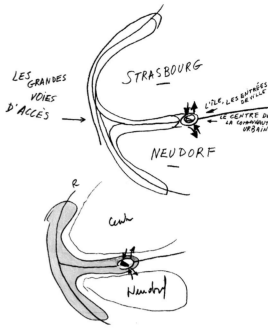

Access to the two towns / L'accès aux deux villes

Strasbourg « Le Neudorf »
Between two cities / Entre deux villes

0   100

territoire : c'est-à-dire une culture dont les textes sont des villages, des villes…
Aucun naturalisme là-dedans, au contraire, c'est de la pensée qui a produit cela, même si cette pensée n'a pas de formulation écrite mais se manifeste dans de la pierre, du bois, du béton, du métal. […]
Dans les années 60, les architectes n'avaient pas encore rompu avec l'idée qu'on allait raser les deux tiers de Paris et qu'enfin on allait en faire une ville propre, hygiénique, homogène, moderne… Mais le cinéma d'Antonioni, de Godard, filmait dans des bouts de villes historiques et des quartiers modernes, des situations contemporaines. Et c'était un regard plus neuf, plus riche que celui des architectes. Un bâtiment des années 30, un bâtiment de 1750, de 1850, est toujours notre contemporain. Il est notre cafetière, notre table et notre chaise ; on s'en sert avec la même simplicité. Voilà la force de la ville. Le temps est là, alors qu'au musée, c'est embaumé. Il n'y a que la ville qui nous offre vraiment ce bonheur… La ville et les textes littéraires. – « Le langage muet », entretien avec Jean-Pierre Le Dantec, *Lumières de la ville*, Banlieues 1989-91.

Ce projet traite du paysage de la ville, de la possibilité de percevoir le territoire urbain, même vaste, de le mesurer à notre corps, de s'en approprier l'échelle.
Le centre historique médiéval d'origine et le Neudorf érigé au XIXe siècle constituent deux villes jumelles. Entre les deux, un vaste couloir de terrains vides de 500 m de large est aujourd'hui parcouru par une voie rapide et un canal isolé sur lequel se trouvent les bureaux de la communauté urbaine, bâtiment assez massif, construit il y a vingt ans dans une position diagonale.
Au lieu de combler cet espace, et de lier les deux villes par du construit, ce qui annulerait cet immense et magnifique intervalle, ce recul rare où les deux villes se voient tout entières, Christian de Portzamparc exploite le vide pour former dans un grand parc aquatique une entrée de ville ; le canal est élargi en plan d'eau tandis qu'au centre, une île bâtie intègre les anciens bureaux et tous les nouveaux programmes (World Trade Center, hôtel, gare et bureaux…) et devient le point centre des deux villes.

Strasbourg,
Le Neudorf
1991
Place de l'Etoile, Strasbourg, Lower Rhine Valley
Competition
Non-selected project
Architect: Christian de Portzamparc
Assistant Architect: François Chochon
Town-planning associate: Patrice Noviant
Client: Ville de Strasbourg, SERS
Programme: urban redevelopment, World Trade Center, hotels, offices, shops
Surface area: 40,000 sq. m.

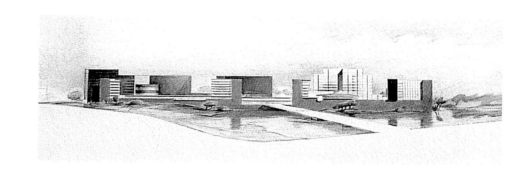

The in-between: park, lake, central built island / L'entre-deux : un parc, un lac, l'île bâtie centrale

We are entering Age III of the city, having put Age II, the age of the domination of single objects, in the dock. We have to beware of the regress to Age I, the age that manufactured our European cities. That age, which included the reign of the public place, began in the Middle Ages, took wing with the Baroque and culminated with major change in the early 20th century.

The classical idea of harmony and the necessary reproduction of finished models has come full circle. It is now only relevant for a few favoured places. Elsewhere, we must tackle heterogeneous situations where we are dependent on random forms and the inevitable disparity of today's architectures. We must invent another form of architecture, one more subtle and tenuous, less facile than the mere reproduction of classical rules. Real modernity will invent itself in the relationship between history and the future. The only certain thing is the pregnant nature of the place which dictates a series of imperatives. This involves being creative in relation to what is

A theme of the future: the "on-site" transformation of buildings, without moving the occupants, qualifying the neighbourhood, as much as the buildings themselves, with their lobbies, the façades and interiors. Here in the 13th arrondissement, we have a hybrid urban configuration typical of Age III, with Age I streets and Age II building-objects, perpendicularly arranged and perfectly indifferent to the streets Portzamparc creates a clear demarcation between public places (streets and squares) and private spaces (hallways and gardens), by demolishing a small low-rise block and building two mews-like buildings that redefine the street alignments. In the gap between these two buildings he sets a new entrance overlooking a garden common to all the residences and new transparent lobbies linking several stairwells. The structurally redundant vertical features of the large rectilinear blocks are removed and the windows replaced, the balconies on the west are doubled in size and equipped with blinds, thus turning them into living areas. The small low-rise building is completely transformed by the creation of loggias and a new cladding.
On Place Nationale, a cubic, sculptural structure houses a neighbourhood facility and artists' studios. It gives new meaning to the square and a new scale to the street, and marks an emphatic approach to the whole project.

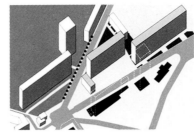

Before / Avant

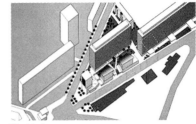

After / Après

Paris Nationale
Transformation of high-rise housing /
Transformation d'un grand ensemble

Nous entrons dans l'Âge III de la ville après avoir fait le procès de l'Âge II, celui de la domination des objets célibataires. Il faudra se garder de la tentation nostalgique de régresser à l'Âge I, celui qui a fabriqué l'essentiel de nos villes européennes. Cet âge-là, celui du règne de l'espace public, part du Moyen Âge, prend tout son essor à l'ère baroque et classique, et s'achève avec un changement considérable de la ville au début du XXe siècle.

L'idéal classique, celui de l'harmonie et de la nécessaire reproduction d'un modèle fini, s'achève. Il ne reste pertinent que pour quelques lieux privilégiés. Ailleurs, il faut se confronter à des situations hétérogènes où nous sommes tributaires des formes du hasard et de l'inévitable disparité des architectures d'aujourd'hui.

C'est une autre forme d'ordre qui est à inventer, plus subtile, plus ténue, moins aisée que la reproduction des règles classiques. La vraie modernité s'inventera dans le rapport entre Histoire et futur. La seule certitude est celle de la prégnance du lieu qui dicte une série d'impératifs. Il s'agit d'être créatif par rapport au déjà-là, travailler la ville faite de singularités de manière complexe, établir des continuités de parcours et

Un sujet d'avenir : la transformation « à vue » d'immeubles sans déménager les habitants, un travail sur la forme des espaces, sur le quartier autant que sur les immeubles, les halls, les façades et les intérieurs. Ici, dans le 13e, la forme urbaine est hybride, typique de l'Âge III, avec un tracé des rues de l'Âge I et les constructions-objets de l'Âge II, ordonnées selon deux directions perpendiculaires qui ignorent ces rues. Christian de Portzamparc oppose clairement les espaces publics (rue, place), et les espaces privés (entrée, jardin). Pour ce faire, il démolit une petite barre, et bâtit deux immeubles-villas qui rétablissent la lecture de l'alignement de la rue.
Dans la brèche ouverte entre ces deux immeubles, il installe une nouvelle entrée donnant sur un jardin commun à toutes les résidences. Il ouvre de nouveaux halls transparents qui lient plusieurs cages d'escaliers.
Les façades sont transformées, les éléments verticaux des grandes barres, structurellement inutiles, sont ôtés, les fenêtres remplacées, les balcons à l'ouest doublés et munis de stores deviennent des lieux de vie. La petite barre devient un tout nouvel

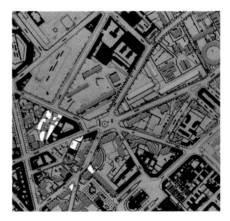

immeuble par la création de loggias et le changement du revêtement.
Place Nationale, une construction cubique, très sculpturale, abrite un équipement de quartier surmonté d'ateliers d'artistes. Elle donne un sens nouveau à la place, une échelle à la rue, et affirme une entrée privilégiée pour l'ensemble de l'opération.

Site before the operation /
Le site avant l'opération

Villa buildings / Les immeubles-villas

On the street-front, villa buildings. In the background, rehabilited low-rise block. Marking the square, two cubes / Le long de la rue, les immeubles-villas. En arrière-plan, la « barre » réhabilitée. Marquant la place, les deux cubes

already there, working a city of singular features in a complex way, establishing continuities of itinerary and texture in a tactile way, with a concern for the well-being of the user. The building, for its part, must serve people and the city alike, it must form an urban fragment with a collective aim in mind, in the search for a poetic encounter between building, texture and urban form, thus creating another form of beauty.

– "Un ordre urbain ténu et subtil",-interview with Ariella Masboungi, *Comprendre, penser, construire la ville*, 1993.

Imagining today's city necessitates a dual approach. One tackles the large scale, the idea of the physical city with its significant units; the other is the architecture of individual buildings.

Before defining a major form, an urban morphology or a master plan, you have first to decide on building types and their groupings within the whole. In order to reinvent articulations between city and architecture, i.e., the new rules of the game, you obviously have to start with architectural experiments and not with town-planning techniques. […]

de textures de manière tactile avec le souci du bien-être de l'usager. Le bâtiment doit, lui, servir l'homme et la ville, constituer un morceau urbain dans un but collectif en recherchant une rencontre poétique entre bâti, textures et formes urbaines afin de créer une autre forme de beauté. – « Un ordre urbain ténu et subtil », entretien avec Ariella Masboungi, *Comprendre, penser, construire la ville*, 1993.

Penser le plan de ville de notre époque nécessite une double démarche : l'une à partir de la grande échelle, l'idée de la ville, physique, aux unités signifiantes essentielles ; l'autre à partir de l'architecture du bâtiment lui-même.

Avant de définir une grande forme, une morphologie urbaine, un plan directeur, il faut avoir décidé du type de bâtiments et de groupements qui vont l'intégrer. En ce sens, pour retrouver une articulation entre ville et architecture, c'est-à-dire de nouvelles règles du jeu, il faut évidemment partir de l'expérience architecturale et non des techniques de l'urbanisme. […]

Paris, Rue Nationale
1990-1996
119/133, rue Nationale, Paris, 13th district
Commission
Executed project
Architect: Christian de Portzamparc
Assistant architects: François Chochon, Florent Léonhart
Project manager: Paul Guilleminot
Landscapist: Lydie Chauvac
Construction architects: ANC Alain Coutris Architectes
Architects of the initial project: Rivet et Larsen. 1963
Engineers: SODETEG, EUROTEC, ATEC
Client: RIVP
Programme: rehabilitation of 608 social housing units (surface area: 90,589 sq. m.); creation and redevelopment of gardens; construction of 2 villa buildings: 19 housing units for old people, commercial premises, car park (surface area: 8,700 sq. m.); construction of a public amenity: ADAC workshop, offices, 9 artist's studios (surface area: 2,600 sq. m.)

Interior. A cross-lit reception area / Intérieur. Création d'un hall ouvert de part et d'autre

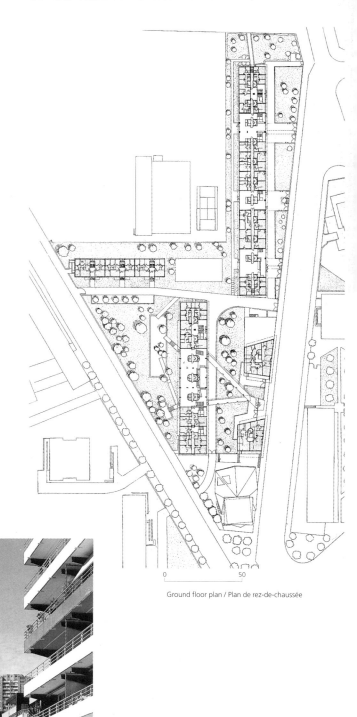

0   50

Ground floor plan / Plan de rez-de-chaussée

A large low-rise block. Before and after / Une grande barre, avant et après

The small low-rise block. Before and after / La petite barre, avant et après

The great work which our century will bequeath to the next is the work on the interstices, the transformation of our urban spaces through densification, destruction, cutting away, etc. – work that is already in progress.

Age III is an era of contingency, of place, of flexible responses to the site, of considering the specifics of space. We have broken with the policy of models, the design of building-types capable of being installed anywhere.

Age III is an era of the multiplication of specific situations. It forces us to invent atypical scenarios in each case. Scenarios inspired by a new way of looking at the city, one that assimilates all its states and all its ages, in the knowledge that it will never be completely razed, never completely Modern.

This urban project attempts to bring together the various projects in progress and the overall Seine Rive Gauche [Left Bank] project. By taking the existing structure, and giving it, in the detail, the sense of a progressive sequence of neighbourhoods, proceeding from a more monumental order with a grand layout (the new Grande bibliothèque, Avenue de France) and unified blocks, towards a more private and intimate order, created by another rhythm, and including open blocks with less defined architectural forms.
The whole may well be as rich in significance as the Boulevard Saint-Germain project delimited by the Seine in this striking succession of districts that are so different, from the Chamber of Deputies to the Institute of the Arab World.
The study proposes, along the Seine, an area of open blocks based on a grid of streets, and a basic rule governing the layout of solid or filled and empty spaces alike, introducing architectural structures with no shared walls, while at the same time keeping the clear readability of the street. But

a better lit street, opening on to the interiors of standing blocks. The idea is to be open to different architectures, keeping the overall form and its atmosphere, by creating a dialogue adjusted from one building to the next. It is important that the user-friendly meeting-places, places with charm and for leisure and recreation, should not be the prerogative of old neighbourhoods, which are cramped, gloomy and ill-suited to contemporary living. In an initial study carried out on the average process and calculations for 120 housing units, there was no overall layout plan and just the rule authorizing the reciprocal creation of buildings in an infinite variety of divisions of both land and architecture. In a second study focusing on the operations for 40 housing units on average, a volumetric division by districts of these blocks was made: involved here was a division into lots conceived in three dimensions, as in a volumetric arrangement similar to the one in Toulouse.

Paris Masséna
Seine left bank development / Quartier Seine rive gauche

Le grand chantier que notre siècle va léguer au suivant sera le travail dans les interstices, la transformation de nos urbanisations, par densification, destruction, découpes, etc., travail que nous entreprenons déjà.

L'Âge III est donc celui du contingent, du lieu, de l'adaptation, de la réponse à un site, de la prise en compte de l'espace de façon spécifique. Nous avons rompu avec la politique des modèles, qui persistait à concevoir des bâtiments types, installables partout.

L'Âge III est le temps de la multiplication des situations singulières. Il nous oblige à inventer, pour chaque cas, un scénario atypique. Scénario inspiré par ce regard que nous avons appris à porter sur la ville, l'envisageant dans tous ses états et toutes ses époques, sachant qu'elle ne serait jamais ni complètement rasée, ni complètement moderne.

Retrouver une articulation entre ville et architecture nous oblige à penser une forme moderne de l'îlot. C'est pour moi l'îlot ouvert. C'est la recherche de base pour une articulation

Ce projet urbain tente de fédérer l'ensemble des projets en cours avec le projet Seine Rive gauche. Christian de Portzamparc prend l'existant et lui donne in fine le sens d'une séquence progressive de quartiers. Il va d'un ordre monumental de grands tracés (Grande bibliothèque, avenue de France) et d'îlots unitaires vers un ordre plus intime, fait d'un autre rythme, porteur d'îlots ouverts et d'architectures moins définies. L'ensemble pourrait être aussi riche de significations que cette étonnante succession de quartiers délimités par le boulevard Saint-Germain, la Seine, la Chambre des députés et l'Institut du monde arabe. L'étude propose, au bord de la Seine, un quartier d'îlots ouverts basés sur une grille de rues, et une règle du jeu qui préside au dessin des pleins et des vides. Il introduit des architectures non mitoyennes tout en maintenant une lisibilité claire de la rue, rue plus lumineuse, ouverte sur les intérieurs d'îlots plantés. L'idée est de s'ouvrir

à des architectures différentes, en tenant la forme collective et son atmosphère, en créant un dialogue réglé de bâti à bâti. Les lieux de convivialité, les lieux du charme et de plaisir ne sont pas l'apanage des quartiers anciens, resserrés, sombres et peu aptes à la vie contemporaine.
Dans une première étude portant sur des opérations moyennes de cent vingt logements, il n'y avait pas de plan-masse et seulement la règle qui permettait l'engendrement mutuel de bâtiments dans une variété infinie de découpages fonciers et architecturaux.
Dans une deuxième étude portant sur des opérations de quarante logements en moyenne, un découpage volumétrique de ces quartiers en îlots a été effectué : il s'agit d'une parcellisation qui se penserait en trois dimensions, comme dans un règlement volumétrique du type de celui de Toulouse.

Paris, Sector Masséna
1995
Seine Left Bank Development, Paris, 13th district
Competition in two phases
Prizewinng project, studies in progress
Architect: Christian de Portzamparc
Assistant architects: François Barberot, Marie-Elisabeth Nicoleau
Project Manager: Marie-Elisabeth Nicoleau
Landscapists: Interscène, Thierry Huau
Client: Ville de Paris, SEMAPA
Program: Urbanization of the sector Masséna-Grands Moulins de Paris
Surface area: 340,000 sq.m. on 14 hectares

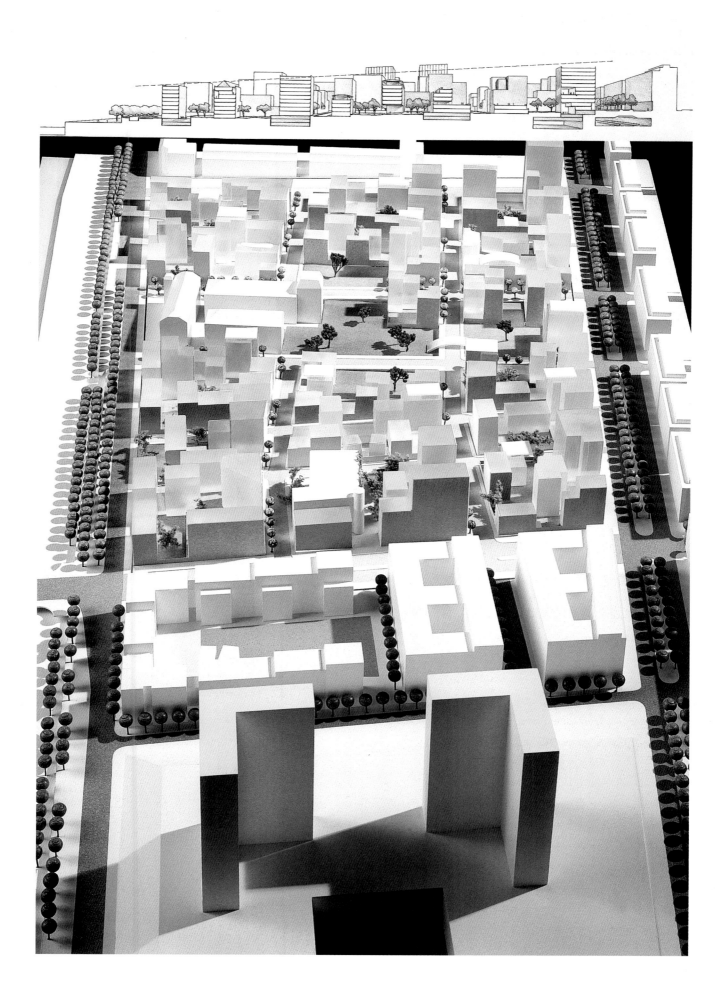

The problem of re-articulating city and architecture forces us to imagine a contemporary type of urban block. This for me is the open or island block – the search for city-architecture relations that are adapted to our time, based on concepts of the in-between, space, heterogeneity. In other words, an assembly of blocks in which the relations between voids and solids is not just a question of contiguity, whereby the architecture is not restricted to treatments of façade; in which the desire for light and views is not hampered by "corridor" streets. I have examined the possibility of blocks that are freer in volume; I call them open blocks. They are designed to avoid closed courts and the claustrophobic contemporary reworkings of the Haussmannian block. They let "singular" architectures coexist. They let light into the streets. They create landscapes made up of of close-up and distant views – in a word, depth. Our architecture can no longer consist of rhetorical, sculpted façades, as in Age I. The relative unity and simplicity of today's façades must be given "flavour" by terracing visual planes. This is the lesson of Manhattan. "Une certaine idée de la ville", *Art Press*, n° 187, January 1994.

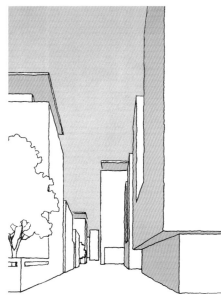

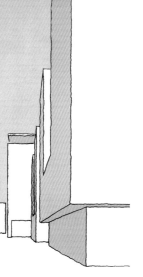

The opened streets / Les rues ouvertes

ville-architecture adaptée à notre temps, à partir des notions d'entre-deux, d'espace, d'hétérogène, d'îlots contemporains. C'est-à-dire d'assemblage de bâtiments où le rapport entre les pleins et les vides ne serait pas uniquement basé sur la mitoyenneté, où l'architecture ne serait pas confinée à un traitement de façade; où les aspirations à la vue et à la lumière ne seraient pas contrariées par des rues «corridors». J'ai étudié la possibilité de créer ces îlots plus libres du point de vue du volume, que j'appelle des îlots ouverts. Ils veulent éviter les cours fermées et la claustrophobie qui résulte de ces îlots haussmanniens adaptés aux bâtiments contemporains. Ils veulent permettre à des architectures singulières de se côtoyer. Ils veulent permettre à la lumière de traverser les rues. Et ils désirent créer un paysage constitué de vues proches et lointaines, de profondeur en somme. Notre architecture ne consiste plus en une rhétorique sculptée sur la façade, comme dans l'Âge I. À la plus grande simplicité unitaire que présentent généralement les façades aujourd'hui, il faut répondre par une «saveur» dans les étagements de plans visuels. C'est la leçon de Manhattan. – «Une certaine idée de la ville», *Art Press*, n° 187, janvier 1994.

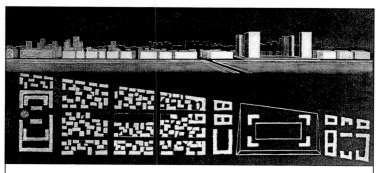

L'îlot médiéval : des maisons accolées.

L'îlot hausmannien fermé, immeubles mitoyens; cours intérieures de service.

La barre, l'objet isolé; la rue disparaît.

Les retours actuels de l'îlot : plus réguliers, plus unitaires; parfois massifs avec des cours intérieures monotones, nous conduisent à rechercher un autre îlot ouvert à la lumière, aux vues, à la diversité.

Le projet synthétise les recherches sur l'îlot ouvert, à l'échelle d'un grand quartier.
Quel quartier de Paris imaginer ici dans le projet Seine Rive gauche ? Quels traits de la ville ont une valeur toujours actuelle et vivront demain ? Quels traits nouveaux sont à inventer ?

La question, à la fin de ce siècle, se pose de façon cruciale dans toutes les villes d'Europe.
Nous proposons ici une séquence qui irait des quartiers réguliers à l'ouest vers des îlots de moins en moins monumentaux à l'est.

The project synthesizes our research into the open block on the scale of a large district.
What district could be imagined for the Seine-Left-Bank project? What city features remain topical and will be valid tomorrow? What new features are there to be invented?
At the turn of the century, the question has become crucial for all European cities.
Here we propose a sequence ranging from regular neighbourhoods in the West to less and less monumental blocks to the East.

The mediaeval block, with its dense fabric of dwellings.
The closed Haussmannian block, contiguous façades and inner courtyards.
The low-rise unit – the isolated object. The street disappears.
Contemporary versions of the block – more regular, unified and massive, with monotonous inner courtyards – prompt the search for another type, one open to light, views and diversity.

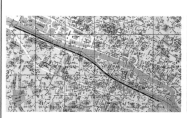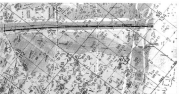

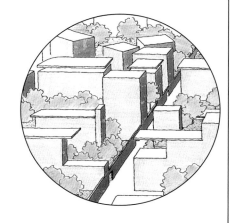

Sur la même rive, plus loin, entre la Seine et la totalité du boulevard Saint-Germain, on peut considérer une séquence de même longueur que Seine Rive gauche.
Les grandes percées hausmanniennes ont ouvert la lisibilité de la ville, la sensation de la grande dimension et la fluidité de circulation, mais elles ont préservé les quartiers irréguliers aux tracés médiévaux de Saint-André-des-Arts.
Il faut réintroduire dans la ville ces contrastes de formes et de dimensions absents souvent des stratégies de l'urbanisme.

La beauté des villes anciennes vient souvent de la ressemblance entre les immeubles, tirée d'un modèle commun. Aujourd'hui, les conventions ont éclaté. Il faut trouver d'autres modes de l'harmonie, jouant la variété, appropriés à nos besoins de lumière et de vue.

Further along the bank, caught between the Seine and the boulevard Saint-Germain, a sequence can be envisaged. Haussmann's broad thoroughfares, making the city more readable, with a sense of scale and flowing traffic, nonetheless retained the irregular mediaeval grid of the Saint-André-des-Arts district.
Contrasting forms and dimensions, often missing from town-planning strategies, have to be reintroduced into the urban fabric.

The beauty of old cities often stems from the resemblance between buildings – a shared pattern. Today, conventions have been atomized. We have to discover forms of harmony that meet our need for light and views.

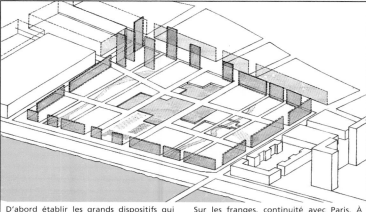

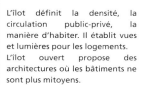

D'abord établir les grands dispositifs qui lient le projet à Paris : le dimensionnement des îlots, un jardin central étiré, des coulées vertes…

Sur les franges, continuité avec Paris. À l'intérieur, surprises et découvertes.

L'îlot définit la densité, la circulation public-privé, la manière d'habiter. Il établit vues et lumières pour les logements.
L'îlot ouvert propose des architectures où les bâtiments ne sont plus mitoyens.

Firstly, we must bring to bear devices relating the project to Paris as a whole : clearly-dimensioned blocks, elongated central gardens, stretches of greenery…
On the edges, continuity with Paris. Inside, surprises and discoveries.

The block defines density, public and private circulations, ways of living, views and light.
The open block is an architecture of non-contiguous buildings.

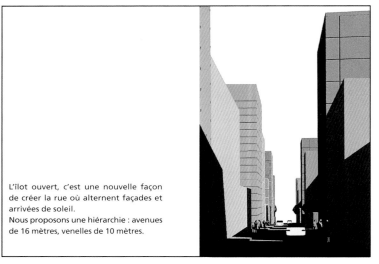

L'îlot ouvert, c'est une nouvelle façon de créer la rue où alternent façades et arrivées de soleil.
Nous proposons une hiérarchie : avenues de 16 mètres, venelles de 10 mètres.

The open block is a new version of the street, with alternating light and façades.
A hierarchy : 16-metre avenues, 10-metre streets.

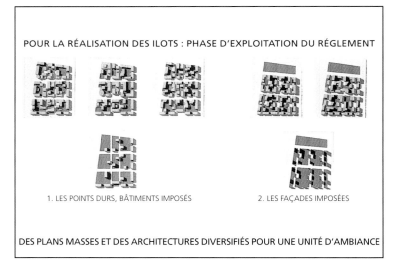

POUR LA RÉALISATION DES ILOTS : PHASE D'EXPLOITATION DU RÉGLEMENT

1. LES POINTS DURS, BÂTIMENTS IMPOSÉS   2. LES FAÇADES IMPOSÉES

DES PLANS MASSES ET DES ARCHITECTURES DIVERSIFIÉS POUR UNE UNITÉ D'AMBIANCE

REGULATION PHASE FOR THE CONSTRUCTION OF THE BLOCKS
1. Hard points, imposed buildings. 2. Imposed façades.
Diversified block plans and architectures – ambient unity.

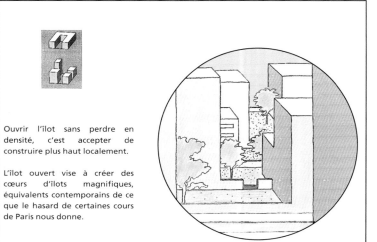

Ouvrir l'îlot sans perdre en densité, c'est accepter de construire plus haut localement.

L'îlot ouvert vise à créer des cœurs d'îlots magnifiques, équivalents contemporains de ce que le hasard de certaines cours de Paris nous donne.

The fact of opening up the block without loss of density implies the acceptance of height locally.
The open block creates magnificent inner cores of blocks, latterday equivalents to the chance legacy of the Parisian courtyards.

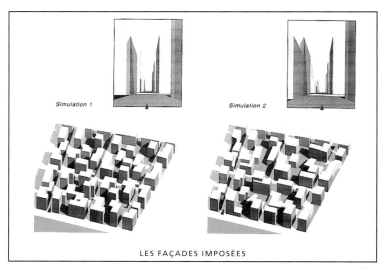

Simulation 1   Simulation 2

LES FAÇADES IMPOSÉES

IMPOSED FAÇADES.
Simulations 1 & 2.

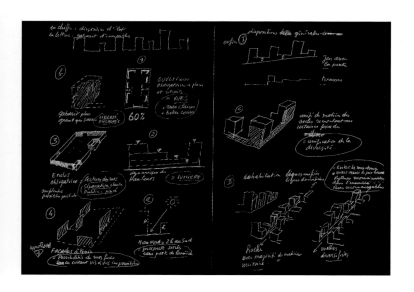

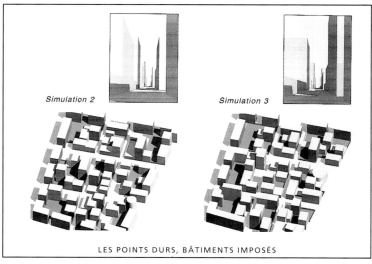

Simulation 2   Simulation 3

LES POINTS DURS, BÂTIMENTS IMPOSÉS

HARD POINTS, IMPOSED BUILDINGS.
Simulations 2 & 3.

2ᵉ PHASE – JUILLET 1995

L'étude de cette seconde phase a permis de tester et d'approfondir les hypothèses mises en place.

C'est la première fois depuis les prémices de ces idées et l'expérience de nombreux projets urbains que nous essayons un projet de quartier fondé sur une règle du jeu simple, vraiment ouverte, et non un plan-masse.

Il n'y a pas de plan-masse global : nous définissons un tracé de l'espace public et un règlement pour engendrer des plans-masses d'îlots dans le temps.

2ND PHASE – JULY 1995
The studies for this second phase tested and further developed our hypotheses.
This was the first time we had tested our initial premisses on the scale of an entire district, involving simple, open-ended principles rather than an overall block plan.
There is no overall block plan. We define public space and a rule for the gradual creation of blocks.

Les jardins publics :
Les jardins sont conçus pour former un ensemble continu qui pénètre les îlots et semble se poursuivre dans les cours intérieures. La limite des jardins adopte ainsi un contour « fractal » qui optimise le nombre de logements ayant vue sur eux.

PUBLIC GARDENS :
The gardens are a continuous whole that penetratres the blocks and seems even to extend into the courtyards. They define a "fractal" contour, optimizing the number of housing units having a view over them.

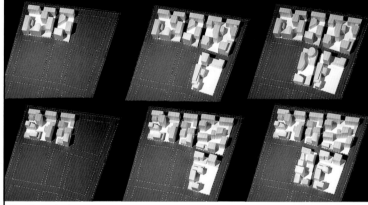

Une chronologie :
Deux hypothèses d'enchaînement d'îlots montrant la diversité des constructions possibles selon la règle.

A chronology :
Two hypothetical sequences, showing the variety of building-types made possible by the rule.

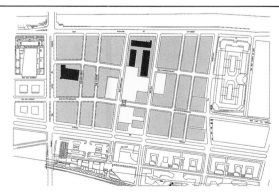

Les rues et le tracé de la grille :
C'est la partition public-privé. Avenues de 16 mètres et ruelles de 10 mètres de large s'adaptent aux angulations du terrain et à la trame des autres rues de Seine Rive gauche et assurent la continuité de la ville. Ce sont des rues automobiles et piétonnes. La grille des voies détermine la dimension des îlots : 35 x 90 mètres et 60 x 90 mètres.

THE STREETS AND THE LAYOUT OF THE GRID.
The public/private demarcation. 16-metre avenues and 10-metre streets adapting to the angular terrain and the grid of other Left-Bank streets, ensuring urban continuity. Streets for vehicles and pedestrians. The grid dimensions the blocks : 35 x 90m. and 60 x 90m.

3ᵉ PHASE – ÉTUDE ACTUELLE

Depuis le concours, nous avons développé la règle. Les options de départ ont été modifiées : ce ne sont plus 1 ou 2 intervenants par îlot, mais 4 ou 5; les îlots seront réalisés de façon simultanée.

La règle évolue donc. Certaines volumétries sont prédéfinies. Ce sont des volumétries à construire trop grandes – « manteau trop large », qui laissent aux architectes une liberté relative de formes.

PHASE 3 – STUDIES IN PROGRESS
Subsequent to the competition phase, the rule has evolved. Initial options have been modified : not 1 or 2 architects per block, but 4 or 5; the blocks will be built simultaneously.
So a flexible rule. Certain predetermined volumes will be built too large, affording relative freedom where the architectural treatment of forms is concerned.

In the beginning was de-sign, but de-sign is nothing without the line. The space between draught and finished design is a hair's breadth – a trajectory.

If drawing is the virtue of painters, for architects the line is the street, a language beyond discourse.

The life of built forms is thrown up on the shores of lines; city forms, in which architecture merely accumulates the passing uncertainties of a given period.

"In the pressure of the city, houses are not there to be lived in, but to provide streets, and in them the city's ceaseless motion" (Maurice Blanchot).

Similarly, sketched figures are not there to be dwelt upon, but to designate a possible trajectory, the latent energy of a project.

"Expectation carries a question that is not put". We can only guess as to its nature…

The architect strains to hear the rumour of future forms.

With Christian de Portzamparc – who was born in the year of the Normandy landings – the incontinent line is a decisive factor, and its precipitate nature measure of building.

As a guarantee of precision, graphics is not merely a professional necessity, but one of the harmonics of his conception, such that the palette of computer-aided design will never replace the poetics of the line.

What is left when a drawing becomes a wall, an opening in a stone façade?

Questions that concern the future of designs become material facts. Should the line be restricted to the drawing board? Or should they not be extended to the fixity of cement? Are the limits of the line not to be found in the eye of the beholder, the passerby attentive to the stroboscopic sequencing of streets?

In the final analysis, this rhetorical question is the same as the question of acoustics, where musical scores are suddenly emancipated as sounds, in strident brass and the vibrato of strings.

As an instrumentalist of materials, and a musician of lines, Christian de Portzamparc manipulates the melodic lines of his compositions to the point of controlling the grain of his wall ingredients. The architectonics

Paul Virilio

The Horizon Line
L'Horizon du Trait

Il y a d'abord le dessein, mais celui-ci n'est rien sans le trait. De l'essai au dessin il n'y a qu'un doigt, tout au plus deux, la trace d'un trajet.

Alors que le dessin est, dit-on, la vertu des peintres, des coloristes, pour l'architecte, le trait c'est la rue, la ruée d'un langage plus large qu'un long discours.

Sur la rive des tracés vient donc se jeter la vie des formes construites; formes de ville où l'architecture n'est que l'accumulation de l'incertitude passagère d'une époque.

«Dans la pression de la ville, les maisons ne sont pas là pour qu'on y demeure, mais pour qu'il y ait des rues, et dans les rues, le mouvement incessant de la ville», écrit Maurice Blanchot.

De même, dans l'impression du trait, les figures ne sont pas là pour qu'on s'y attarde, mais seulement pour qu'il y ait un trajet et, dans ce trajet, l'énergie latente d'un projet.

D'ailleurs, entre l'attente et «la tente» ne manque jamais qu'un T, ce Té qui est aussi l'outil de prédilection de celui qui projette.

«L'attente porte une question qui ne se pose pas [1]» on le devine…

Architecte (?) seulement celui qui entend la rumeur de l'avenir des formes.

Avec Christian de Portzamparc – celui qui est né l'année d'un débarquement, d'une libération – l'incontinence du trait est décisive et sa préci-pitation, le gage de la mesure du bâtiment.

Garantie de rigueur, le graphisme est pour notre auteur une nécessité qui ne relève pas de sa profession, mais de l'harmonique de sa conception, au point que la palette graphique de l'ordinateur ne parvient jamais à détruire tout à fait la poésie du trait.

Mais que reste-t-il d'un dessin dans l'arête d'un mur, le cadre d'une ouverture maçonnée?

Autant d'interrogations singulières sur le devenir d'une œuvre devenue matière, matériau figé… Doit-on limiter la limite d'un tracé à l'épure sur la table à dessin (?) ou bien, ne doit-on pas poursuivre les lignes jusqu'à leur aboutissement dans la fixité du ciment (?) la ruée du trait ne s'arrête-t-elle pas seulement dans l'œil du spectateur (?), ce passant attentif au défilement stroboscopique des façades…

Finalement, cette question sans réponse est la même que celle que pose l'acoustique musicale, après les notations du solfège sur les partitions et leur soudaine émancipation en volumes sonores, dans l'éclat des cuivres ou les vibrations des cordes.

Instrumentiste des matériaux, musicien du trait, Christian de Portzamparc joue des lignes mélodiques de sa composition jusque dans la granul-ométrie de l'ingrédient de ses parois; l'architectonique de notre auteur

of our author/composer is evidenced down to the perfectionism of his most discreet motifs.

Portzamparc's architecture – an art of movement that operates shifts in the lines of the building; a choreography of statics and of resistances – can nonetheless be viewed as motionless to the extent that the City of Music seems less a facility for musicians than an "art of the fugue" applied to what remains.

But what secret virtue can inspire an individual whose discretion is less akin to modesty than to an underlying desire to move, in the manner of the poet rather than the prophet?

In my view, this hidden power or virtuality is a function of the architect's desire to open up space, the search for an urban reality that is less serial than sequential. Portzamparc is doubtless one of the few of his generation to have emerged unscathed from the ravages of "post-modernist" syncretism.

Without overlooking history and its recent acceleration, he has long since understood that the object should be hidden in favour of trajectories.

If the paradoxical logic of networks must now take precedence over the formal logic of buildings, then the old enclosed city-block must give way to "cadastral" deconstructions in an age of metropolarization.

Both in its pointillist lines, and in the divisions of its reworked surfaces, the architect's plans invariably herald the dislocation of contemporary structures in the delocalized settings of the Age III city; posing the poignant question of the transfiguration of drawings into the material reality of building, of virtual realities become less graphic than "infographic". A task comparable to that of the synthesizer in concrete music.

How are we to resist the loss of meaning, the desynchronization of drawing and project whereby the designer is less assisted by the machine than subservient to it, and the "author's" imagination is less decisive than the computer's power of inference?

Here, it should be noted, Portzamparc's outstanding calligraphic gift also works to safeguard the evolution of his œuvre.

Unlike others, who will soon have to abandon their miserable

compositeur se devinant même dans la finition ininterrompue de ses motifs les plus discrets.

Art d'un mouvement qui déplace les lignes de l'immeuble, mouvement chorégraphique de la statique et de la résistance des matériaux, l'*architecture* de Portzamparc ne peut-être perçue que comme *moteur immobile*, au point que sa Cité de la musique apparaît moins comme un équipement destiné aux concertistes que selon la perspective d'un « art de la fugue » appliqué à ce qui demeure.

Mais de quelle vertu secrète s'agit-il chez un individu dont la discrétion s'apparente moins à de la pudeur qu'à une sourde volonté d'émouvoir, à la façon du poète plus que du prophète (?)

En fait de puissance cachée, plus exactement de virtualité, il faut revenir je crois sur sa volonté d'ouverture de l'espace : à la recherche d'une réalité urbaine moins sérielle que séquentielle, Christian de Portzamparc est probablement l'un des seuls de sa génération à échapper sans dommages aux ravages du syncrétisme « post-moderne ».

Sans rien oublier de l'Histoire et de sa récente accélération, notre auteur a depuis longtemps deviné que l'*objet* devait se cacher, disparaître, pour céder la place au *trajet*.

La logique paradoxale des réseaux prenant désormais le pas sur la logique formelle des bâtiments, à l'ancienne clôture de l'îlot urbain devrait donc bientôt succéder, selon lui, une sorte de « déconstruction cadastrale » de la cité à l'ère de la métropolarisation.

Pointillisme des lignes ou divisionnisme des surfaces corrigées, les plans de l'architecte annoncent immanquablement la *dislocation* des bâtiments contemporains de la future *délocalisation* des villes du troisième âge urbain ; avec, toujours, cette lancinante question de la transfiguration du dessin dans la réalité matérielle des édifices, à partir de la réalité virtuelle, celle-là, d'un projet devenu moins graphique, comme hier, qu'info-graphique... l'ordinateur et ses « images de synthèse » assumant bientôt pour l'architecte une tâche analogue à celle du synthétiseur dans l'essor de la musique concrète.

Comment résister efficacement à la perte du sens, à la désynchronisation du dessein dans le dessin (?) à cette sournoise *désintermédiation* d'un concepteur moins assisté qu'asservi à la machine avec laquelle, dit-on, il dialogue pour projeter une œuvre moins dépendante de l'imagination d'un « auteur » que de l'autorité du moteur d'inférence logique de l'ordinateur (?)

Remarquons-le une dernière fois, c'est ici que l'exceptionnelle calligraphie de Portzamparc surgit comme la garantie du développement de son

prerogatives to the dictates of "digital design", Portzamparc explores the horizon line "not as finite measure, but as measure that might contain the measureless".

Plan or design? Analogue or digital? Spatial calligraphies or drawing by numbers? Such questions are crucial to the future of architectonic forms.

"You are what you are haunted by."
Portzamparc is haunted by lines, lines of conduct; outlines that are never guidelines but trajectories, shortcuts making it possible to come and go freely, here and now and always.

Paris, May 1996

Paul Virilio

1. et 2. *L'attente, l'oubli,* M. Blanchot, Éditions Gallimard.

œuvre architecturale.
En effet, contrairement à beaucoup d'autres qui devront très bientôt céder leurs pauvres prérogatives au «design numérique», l'horizon du trait de Christian de Portzamparc voit émerger :
«non pas la mesure qui limite, mais la mesure qui mesure en réservant l'illimité[2]».
Dessein ou design (?) Dessin analogique ou numérique (?) Calligraphie spatiale ou graphie digitale (?) autant d'interrogations décisives pour le devenir des formes architectoniques.
«Dis-moi qui tu hantes et je te dirais qui tu es.»
Ce qui hante Portzamparc, c'est une ligne, une ligne de conduite, un trait qui n'est jamais un schéma directeur, mais un trajet, un chemin de traverse pour aller et venir librement, aujourd'hui et demain, tout le temps.

Paris, mai 1996

Paul Virilio

1. et 2. *L'attente, l'oubli,* M. Blanchot, Éditions Gallimard.

After the War, political, public and religious institutions went into architectural hiding. Monumentality had become more or less taboo : for the Modernists, it had implied the culpable search for "external effects"; totalitarian régimes largely contributed to its discredit.
The international, functionalist architectures of the postwar era were latterday democratic assertions of this expiation.

Obviously, architecture will always generate "external" and "internal" effects, which work on the senses. All the rationalist systems in the world can do nothing to prevent this. Repress sensations and they return as symptoms. The problem is to control the perception of certain entities. And thus I became interested in public buildings which give weight to place – fleshing out spaces which in any case will always transcend them.

The broader dimension is what makes it possible to appropriate the city, to measure it against the scale of our bodies. Happy cities have strong topographies, rivers, hills, or else monuments. The larger the city, the more it requires significant elements to bring the whole together.

Christian de Portzamparc

Urban monuments and sites
Monuments urbains et grands sites

Après la guerre, les pouvoirs politiques, les institutions publiques, religieuses se sont plus ou moins cachés architecturalement.
Déjà, l'idée d'architecture monumentale était une sorte de tabou théorique du mouvement moderne, une recherche coupable «d'effets extérieurs».
Mais bien plus, les régimes totalitaires l'avaient largement discréditée.
L'architecture internationale, fonctionnelle de l'après-guerre a pris alors la forme majeure d'une expiation et fut le manteau de l'affirmation démocratique.

Mais, évidemment, on n'en finira jamais avec les effets «extérieurs» ou «intérieurs» de l'architecture, les effets justement sur les sens.
Tous les systèmes rationalistes n'y peuvent rien : combattez les sensations, elles reviennent comme symptômes. Dans les villes, la question est de reconnaître ces sensations et d'en maîtriser la perception, car c'est elle qui donne le sens. Et je me suis intéressé à ces bâtiments publics qui portent des lieux, qui peuvent donner corps à des espaces qui les dépassent largement.

La grande dimension, c'est ce qui nous rend la grande ville appropriable, nous permet de la mesurer avec notre corps. Les villes heureuses ont une topographie forte, un fleuve, des collines ou alors des monuments.
Plus la ville est grande, plus il faut ces unités signifiantes qui assemblent la grande dimension.

Christian de Portzamparc

With the birth of capitalism in the early 19th century, architecture ceased to be a mirror of the world order in which, as the effects of presence that no discourse could jeopardize, space and built form embodied social cohesion.

This was not fully grasped until the turn of the century, and the whole Modern movement was a violent, wonderful and poignant endeavour to endow architecture with a new dignity by conferring order, and paying homage to the supremacy of the technico-economic order in its role as standard-bearer.

In order to fulfil this second role, architecture operated a brilliant reversal. But though it believed for an instant in a possible revival, through an expiatory sacrifice imposed by the Moderns, the gesture contained within it the seeds of its own demise. The Modern movement can be described, in a catastrophic or a liberating sense, as the history of the gradual, spasmodic but irresistible disappearance of the concept underpinning architecture, of the raison d'être that sets it apart from the activity of construction. This concept has no name. Hegel called it "symbolism as such" and sought proofs of its existence, a pure trace, in the first constructions that were built beyond utilitarianism, regardless of "ends".

What he discovered was the Tower of Babel and the pyramids.

Solid forms, he concluded. He did not spare a thought for the other side of that solid: Carnac, where the standing stones project an infinity of straight lines, or Stonehenge, where they form a circular void. The presence of solids, defining empty space, constitutes first of all emotions, a principle of "architecture that is independent of any end other than itself", arché which in Greek means "primal element", and which informs the monumental tradition.

The other primitive element is the hut or the tent, the principle of utility that requires only construction techniques to defy gravity and climate.

Symbolism and the utilitarian: the whole history of architecture is an attempt to exploit and reconcile these two designs, forging a unity that might encompass its contradictory origins.

That's what all styles are: a fusion, a precarious balance that is forever renewed.

Symbolism thickens, hollows out, proportions, aligns and intimidates; the utilitarian maximizes span, improves performance, aerates, lightens, soothes and allays. And if the one is *arché,* the mark of place and of origins, the other is *telos,* positing purpose, awareness of a rational or spiritual identity regardless of material constraints.

There have been one or two great moments of alleviation. The Roman arch and reinforced concrete, the Gothic flying buttress and the steel girder, the zone, the hoist, the automobile and the satellite. All have atomi-

Symbolic and Utilitarian
Symbolisme et Utilitaire

Christian de Portzamparc

Depuis le début du XIXᵉ et la naissance du capitalisme, l'architecture n'est plus la scène globale et essentielle où se manifestait tout l'ordre du monde et où, dans l'évidence de cet effet de présence qu'aucun discours ne peut dissoudre, l'espace et le bâti incarnaient la cohésion sociale.

Ce fait n'a été compris qu'à l'aube du XXᵉ siècle, et tout le mouvement moderne fut un effort violent, superbe et poignant pour conférer à l'architecture une nouvelle dignité en lui ordonnant, pour monter à nouveau sur la scène, de faire allégeance à la primauté de l'ordre techno-économique et de n'en être plus que l'étendard exalté.

Pour assurer ce second rôle, l'architecture opéra un renversement génial, mais dans ce geste où elle crut un instant revivre, dans ce sacrifice expiatoire que le mouvement moderne lui imposa, résidait la logique de sa disparition. On peut décrire l'histoire de l'architecture moderne depuis plus d'un siècle, sur un mode catastrophique ou libérateur, comme l'histoire de la disparition progressive, irrégulière mais irrésistible du concept même qui fonde l'architecture, de ce qui lui donne sa raison d'exister et la distingue de l'activité de construction. Ce concept n'a pas de nom, Hegel l'appelle « le symbolisme proprement dit » et en recherche la preuve, la trace à l'état pur, dans les premières constructions exécutées hors de tout utilitarisme, sans aucune « fin extérieure à elle-même ».

Il trouve la Tour de Babel et puis les pyramides.

Des formes pleines, conclut-il. Il ne pense pas à l'autre face de ce plein : Carnac, où les pierres levées projettent des lignes droites à l'infini, Stonehenge où elles dessinent un vide. Epaisseur du plein, définition d'un espace vide, voilà l'émotion première, le principe de « l'architecture indépendante d'une fin autre qu'elle-même », l'*arché* où s'origine la tradition monumentale.

L'autre pôle originel, c'est la hutte, la tente, le principe d'utilité qui n'a besoin que de technique de construction pour faire face à la pesanteur et au climat.

Symbolisme et utilitaire : toute l'histoire de l'architecture croise, joue, tente perpétuellement de faire fusionner ces deux desseins en une unité autre, qui recouvre ces origines contradictoires.

Chaque style, c'est ça : une nouvelle fusion, un équilibre précaire et perpétuellement renouvelé.

Le symbolisme épaissit, évide, proportionne, aligne, intimide aussi, l'utilitaire allonge la portée, améliore la performance, aère, allège, adoucit. Si l'un est *arché,* inscription du lieu et fondement originel, l'autre est un *télos,* discours de la finalité, conscience d'un devenir rationnel ou spirituel qui se détache de la sujétion matérielle.

On connaît quelques grands moments d'allégement : l'arc en plein cintre et le béton armé, la contre-poussée gothique et la portée métallique, la zone, le palan, l'automobile et le satellite. Tous ont fait éclater le style existant à leur époque, dilatant les concepts spatiaux habituels dans une

zed styles existing in their day, dilating received spatial ideas into a new clarity, a dynamic expansion, a new conquest of space. But such moments have often been followed by a reduced sense of architectural space, an incapacity to see space, to create emotion through physical presence, and the only concern is to indefinitely articulate structure, to cover it in rich ornamental signs, or count the number of square feet and maximize profit. At such times, these are enough to seem architecture and create social cohesion.

Associating the discourse of origins with that of ends, architecture is in fertile tension between immemorial significations or primitive ideas and what reactualizes them, by giving them purpose and situating them in a possible future.

This dual attraction helps us to understand the coming-into-being of architectural styles in a cyclical alternation between these two principles: technical innovation, the joys of structural articulation and dynamic exploration on the one hand, then a return to lost meaning, to spatial emotion, the reference to origins : Cîteaux, Renaissance, Neoclassicism.

Architecture is thus an experimental art and, whereas technical innovations are readily assimilated, the invention of new spatial concepts always brings with it the quarrel between Ancients and Moderns. A quarrel that is altogether illusory, since lost meaning is renewed, an architectural modernity formed, at the very dawn of origins. And that is what interests us today.

But the Modern movement pushed this rationale to such a point that the cards are no longer the same.

In order to posit architecture as the standard-bearer of the technical order, the Modern movement had to radically evict all references to "symbolism as such". A clever ruse, in which the utilitarian took the place of the symbolic, assuming its very function as phantasy origins, in an attempt to justify and universalize new plastic and visual emotions.

Today, an equally simplistic discourse attributes technique and industry as evils, and brandishes space, monument and symbolism "per se". But by failing to tackle the question of architecture, in its invocations of the past and its virtuous refusal to build, it has proved incapable of seeing nature in its fundamental duality. *Arché* and *telos*, the *déjà vu* and the "never seen" of all architecture.

The problem is to perceive our relations to place, history and technique differently. In the beginning was perhaps not the word, but space.

Topos is what engenders *Logos*.

"Le symbolique et l'utilitaire", *AA* n° 212, December 1980.

clarté nouvelle, une expansion dynamique, une conquête de l'espace aussi. En contrepartie, ce qui apparaît souvent ensuite, c'est une perte de sens de l'espace architectural : on ne le voit plus, on ne sait plus créer l'émotion du lieu par sa simple existence physique, ses dimensions : on ne veut plus qu'articuler de la structure, indéfiniment, pour y répandre l'ornement, le signe, la richesse ou y comptabiliser des mètres cubes, des profits : à ces époques, ça suffit à faire effet d'architecture, à créer de la cohésion sociale.

Discours des origines et discours des fins : l'architecture est cette tension féconde entre un sens immémorial, un concept originel et ce qui l'actualise en lui donnant une finalité, en le situant dans un devenir.

Cette double attirance est fondamentale, elle nous fait comprendre l'engendrement des styles architecturaux dans l'énergie cyclique de ces deux temps : innovation technique, joie de l'articulation structurelle, exploration dynamique dans un premier temps, puis retour au sens perdu, à l'émotion spatiale, référence aux origines dans un deuxième temps (Citeaux, la Renaissance, le Néoclacissisme).

L'architecture y apparaît comme un art expérimental au fond et, alors que l'innovation technique est acceptée sans problème, l'invention ou le renouvellement des concepts de l'espace architectural est toujours marqué par une querelle des anciens et des modernes absolument illusoire, puisque c'est à l'aube des origines que se renouvelle un sens perdu et que se constitue une autre modernité architecturale. C'est exactement ce qui nous intéresse aujourd'hui.

Mais le mouvement moderne a poussé cette logique à un point tel que les cartes ne sont plus les mêmes.

Il a dû en effet, pour faire jouer à l'architecture le rôle d'étendard de l'ordre technique qu'il lui fixa, faire interdire radicalement toute référence au « symbolisme proprement dit » : dans cette éviction géniale, c'est l'utilitaire lui-même qui prit la place du symbolisme, en assurant la fonction même : devenir l'origine phantasmatique, la nature et la culture qui puissent légitimer et rendre universelle l'émotion plastique nouvelle.

Aujourd'hui, une éviction symétrique tout aussi réductrice voit dans la technique et l'industrie tout le mal et brandit de l'espace, du monument, du symbolisme « en soi ». Cela ne touche pas à la question de l'architecture, mais se contente de lui opposer le passé, dans un refus vertueux de construire qui est une incapacité de voir cette nature double. *Arché* et *Télos*, déjà vu et jamais vu, de toute l'architecture.

Voir autrement notre rapport au lieu, à l'histoire, à la technique. Au commencement n'est peut-être pas le verbe, mais l'espace.

C'est du *Topos* que jaillit le *Logos*.

« Le symbolique et l'utilitaire », *AA* n° 212, décembre 1980.

Transparency is a received idea dating back to the post-war period. An assumed response to the concept of *gravitas* or mass effect, which Hegel saw as the basis of monumental architecture. Public spaces as opposed to sanctuaries. In my view, this trivialization of the inside/outside relationship has nothing "populist" about it (it is always assumed that the more it is transparent, the more it is populist). On the contrary, my assumption was that (in my Bastille Opera project) a strong place with unusual characteristics of form and light can be oneiric and trigger multiple interpretations on the part of users as well as the theatre directors... So I combined *gravitas* and a luminosity made possible by lightweight structures, trivialized places and extraordinary atmospheres: inside and outside, the fact of being in an strange place seeing Paris from its foyers. Lastly, the opera is fun, an evening venue, which explains my aversion to the fish tank-like theatres that have been built in Europe since the war. – "La boîte magique de Christian de Portzamparc", interview with Chantal Béret, *Art Press*, n° 80, April 1984.

"In plan, the Bastille square has no form".
The project exploits the constraints of a lop-sided site and introduces a geometry that materializes this reluctant square. There are two contrasting registers: on the one hand, the opaque wall of the Opera House split along its axis, stabilizing the position of the column and makes a new circular square readable by virtue of its axes. On the other, the crescendo ellipse of the auditorium and its foyer, generating circularity and incorporating the awkward dissymetries of the site. And between these two large masses, a "canyon" marks a broad public passage. The three contrasting forms are put together and form a highly cohesive overall complex.
Huge sliding panels can block off all or part of the façade and transform the opera, depending on the events scheduled, into a venue for traditional, private functions or again into a public place open to the Place de la Bastille for music festivals, concerts, balls. Thus investing the place with greater symbolic force.

Opéra Bastille Paris
Bastille Opera

La transparence est une idée reçue qui date de l'après-guerre. On croit y trouver une réponse moderne à l'idée du monument, à l'opposé de la *gravitas*, de l'effet de masse dans lequel Hegel reconnaît le fondement de l'architecture monumentale. L'ouverture du public est pensée comme le contraire de la sanctuarisation d'un lieu. À mon avis, cette banalisation du rapport dedans/dehors n'a en fait rien de populaire (je parle de populaire parce qu'il est toujours supposé que plus c'est transparent, plus c'est populaire). Je suppose, au contraire (dans ce projet pour l'Opéra Bastille), qu'un lieu fort avec des caractéristiques inhabituelles de formes et de lumière peut susciter plus de projections oniriques et entraîne finalement des interprétations multiples de la part des utilisateurs, du public comme des metteurs en scène... J'ai donc associé la *gravitas* et la luminosité, due à l'allègement technologique, des lieux banalisés et des atmosphères extraordinaires, l'intérieur et l'extérieur, le fait d'être dans un lieu de dépaysement et de voir Paris depuis les foyers. Finalement, l'opéra est le lieu de la fête, de la nuit, et c'est une des raisons de mon aversion pour les théâtres aquariums construits en Europe depuis la guerre. – «La boîte magique de Christian de Portzamparc», entretien avec Chantal Béret, *Art Press*, n° 80, avril 1984.

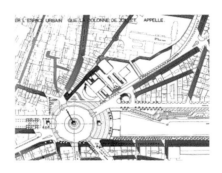

« Le plan de la place de la Bastille n'a pas de forme. »
Le projet tire parti du site, de son déhanchement, et introduit une géométrie qui donne forme à cette place introuvable. Deux registres s'opposent : d'un côté, le mur plein de la maison de l'Opéra, fendu en son axe, qui stabilise la position de la colonne et donne lisibilité à une nouvelle place circulaire par ses axes. De l'autre, le crescendo de l'ellipse de la salle et de son foyer qui imprime un mouvement tournant à l'ensemble et intègre la dissymétrie difficile de ce site.
Entre ces deux grandes masses, prend place un « canyon », un grand passage public. Ces trois formes opposées sont assemblées en un ensemble d'une forte cohésion.
De vastes panneaux coulissent et peuvent obturer tout ou partie de la façade et transformer l'opéra, selon les événements, en lieu fermé, traditionnel dans sa fonction, ou en lieu public ouvert sur la place de la Bastille pour les fêtes de la musique, concerts, bals. La symbolique du lieu s'en trouve renforcée.

Paris, Bastille Opera House
1983
Place de la Bastille, Paris, 11th district
International competition organized by the French Ministry of Culture
Prizewinning project, non-selected
Architect: Christian de Portzamparc
Assistant architects: Frédéric Borel, Florent Léonhardt, Marie-Elisabeth Nicoleau
Engineer: Rob Pierce
Program: 2,700-seat auditorium, rehearsal rooms, premises for personnel and artists, studios, shops, cafeteria, car park

Variations of moveable walls / Variations des parois mobiles

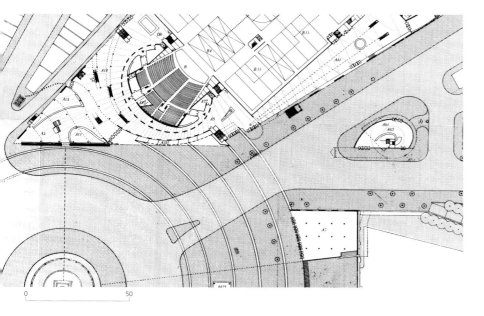

0   50

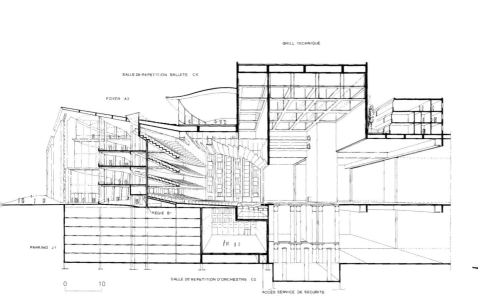

GRILL TECHNIQUE

SALLE DE REPETITION BALLETS C5

FOYER A3

REGIE B1

PARKING J1

SALLE DE REPETITION D'ORCHESTRE C2

ACCES SERVICE DE SECURITE

0   10

The "canyon" / Le canyon

For me, architecture is an art. But not a free art, obviously. Its specificity resides in the capacity to build and create space. An art of space, like dance. The work of the choreographer Merce Cunningham generates comparable emotions. Volume in motion. Space is the reverse side of form – they are indissociable.

But architecture is also a subservient, public art. At one extreme there is power and politics; at the other, picture postcards, social, community links, populist cultural identifications.

Finally, it's an art of construction. In all the confusion, there remains a constant factor: things must be built well. An attachment to constructive truth. I would like things to be built well. – "La fin des conventions et des codes", interview with Alain Pélissier, *Techniques et Architecture*, n° 366, June-July 1986.

In the hillside town of Grasse, where the road winds in a series of hairpins, the project asserts the presence of the law courts. In an urban location with no horizontal plan, no forecourt, no possible symmetry, and no axis, this architectural device lies outside all classical references and seems antinomic to the character of the institution.

The main building houses the commercial, criminal and civil courts, linked by the Salle des Pas-Perdus, which is open to the terrace garden throughout its length.

The raised ellipsoidal form of the commercial court, nestling amid large, incurved retaining walls, becomes a pivot, an image of origins. The judiciary is revealed by the paradoxical stasis of this ellipse anchored at the heart of movement, since it is the only part of the complex to be truly visible from the town. It is also visible from the Avenue de France above, an old railway line from which you can also see the elongated elliptical roof on slender columns forming sunbreaks. Top-lighting generates a specific atmosphere within each courtroom and its superimposed offices.

The buildings are designed with climate in mind: sun breaks, inner courtyards, detached roofs beneath which the air can circulate in cool shadow.

Salle des pas perdus

Palais de justice Grasse
Law Courts

Pour moi, l'architecture est un art. Pas un art libre, évidemment, le moins libre de tous, un art dont la spécificité réside dans sa capacité à construire et à créer de l'espace. Art de l'espace, comme la danse. Quand je vois une chorégraphie de Merce Cunningham, je sens que c'est le même territoire de l'émotion. Le volume s'offre au mouvement. L'espace est l'envers de la forme, indissociablement.

Et puis, l'architecture est un art public dépendant. À un bout, on trouve le pouvoir, la décision politique, à l'autre, la carte postale, le lien social, communautaire, l'identification culturelle populaire et anonyme.

Enfin, c'est un art de la construction. De toutes les confusions, il me semble rester cette constante : il faut que cela soit bien construit. C'est beaucoup, cet attachement à une certaine vérité constructive. J'ai envie que les choses soient bien bâties. – « La fin des conventions et des codes », entretien avec Alain Pélissier, *Techniques et Architecture*, n° 366, juin-juillet 1986.

Dans la ville escarpée de Grasse, dans un tournant en lacets sur une terrasse peu visible, le projet parvient à affirmer la présence de la cité judiciaire. Cette situation urbaine, sans plan horizontal, sans parvis, sans symétrie possible, sans axe, a conduit à un dispositif architectural hors de toute référence classique et apparemment antinomique au caractère de l'institution.

La cité judiciaire est divisée selon les trois juridictions : commerce, pénal, civil, liées par la salle des pas perdus qui ouvre de tout son long sur le jardin-terrasse.

Le tribunal de commerce est placé dans le tournant, et, par sa forme ellipsoïdale, lovée au cœur de ses grands murs de soutènement incurvés, il en devient le centre, le pivot, l'origine antérieure. L'institution judiciaire est ainsi manifestée par le statisme paradoxal de cette ellipse fortement ancrée au centre du mouvement, car c'est la seule partie vraiment visible de la cité depuis la ville. Elle est aussi visible depuis l'avenue de France, ancienne voie de chemin de fer qui la surplombe et permet de voir là aussi l'institution par sa toiture elliptique allongée sur les fines colonnes des brise-soleil.

Au long de la salle des pas perdus, chaque juridiction a un caractère propre, avec ses salles d'audience particularisées, surmontées de ses bureaux dont un éclairement zénithal assure à chacune une ambiance spécifique.

Les bâtiments sont conçus pour le climat : pare-soleil, cours intérieures, toitures décollées dans lesquelles l'air circule à l'ombre.

Grasse, Courts of Justice
1993
Avenue Pierre-Sémard, Grasse, Alpes-Maritimes
Competition
Prizewinning project
Under construction completion scheduled for 1997
Architect: Christian de Portzamparc
Assistant architect: Marie-Elisabeth Nicoleau
Project manager: Benoît Juret
Engineering consultants: SEEE/ SDE / OTH Méditerranée
Acoustics consultant: Xu Acoustique
Economist: ATEC
Client: French Ministry of Justice, DDE Alpes-Maritimes
Developer: French Ministry of Justice
Program: Assizes Court, Magistrates' Court, Commercial Court, Industrial Tribunal
Surface area: 25,600 sq. m

Nestling in a bend, commercial court from below and above, avenue of the Chemins de Fer du Midi / Logé dans le virage, le tribunal commercial, vu d'en bas et vu d'en haut, avenue des Chemins-de-fer-du-Midi

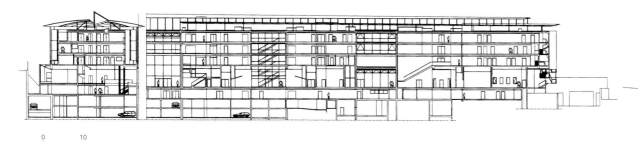

0   10

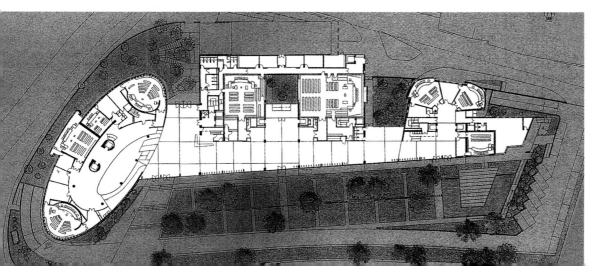

Ground floor / Rez-de-chaussée

There used to be one creed, but today there are several. Of necessity, buildings from different periods coexist – technical, formal and spatial concepts clash and collide. And then, there is the encounter between the international style and regional or national modes of construction. In all this I see a danger, needless to say: the danger of confusion. But in any case, confusion is preferable to dogmas. We have succeeded a century-long age of conventions and codes. And at the same time, we must try to be understood, so we cannot escape the traps of codes and images. We have entered a long period of gestation. Our conception of harmony has changed, not in an abstract way, in the struggle to break with the past, as happened twenty years ago, but in a concrete, sensorial way. I enjoy working with the plurality of the city, not through facile techniques of collage or eclecticism, but in the rightness of enriched relations between disparate objects.

– "La fin des conventions et des codes", interview with Alain Pélissier, *Techniques et Architecture,* n° 366, June-July 1986.

Rennes, a culmination in Christian de Portzamparc's long adventure with fragmentation, clearly images his refusal to put three institutional eggs in one basket – without precluding the possibility of a unified whole. The initial idea of giving each institution a specific form is achieved in this indissociable three-in-one complex housing the Museum of Brittany, a Cultural, Scientific and Technical Centre, and a Municipal Library. The museum, a large flattened parallelepiped on *pilotis*, defines a pure volume in levitation. Two buildings perforate its impassive granite façade – the CCSTI, an aluminium cone with a spherical planetarium at its summit, and the Library, a glass-and-metal prism that flares out as it rises. This new amenity can be considered an object lesson in urban renewal, in that it completely requalifies the Charles de Gaulle esplanade. The horizontal silhouette of the museum is in harmony with the esplanade, while the pyramid and the cone offset the URSSAF tower and palliate an angular environment. Functionality and effective communications required the evident and immediate identification of each institution from the reception space. This soaring, open space, is set in movement by an series of walkways that interconnect the three institutions. Wherever you are, you can see and have access to everything.

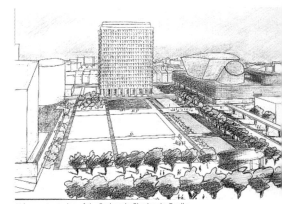

Urban restructuring of the Esplanade Charles-de-Gaulle
Restructuration urbaine de l'esplanade Charles-de-Gaulle

Nouvel équipement culturel Rennes
New Cultural Facility

S'il y avait bien un credo, il y en a plusieurs aujourd'hui. Par la force des choses, toute construction se trouve confrontée à des bâtiments d'époques diverses où se heurtent et s'entrechoquent expressions techniques, pensées formelles et spatiales. Dans le même temps, se rencontrent style international et manière de faire régionale ou nationale. À tout cela, je vois bien sûr un danger, celui de la confusion générale, mais de toute façon, je la crois plus riche qu'une doctrine de bois. Nous sommes après l'époque des conventions et des codes qui a duré des siècles. En même temps, nous devons être compris, donc nous ne pouvons nous échapper de ce problème piégé du code, de l'image. Nous sommes entrés dans une longue gestation. Notre conception même de l'harmonie a changé, non pas abstraitement, dans un effort de rupture comme il y a vingt ans, mais concrètement, sensoriellement : pour ma part, j'aime penser la pluralité de la ville, loin de la facilité toujours fausse du collage, de l'éclectisme, mais dans la justesse et la richesse nouvelle de relation entre choses différentes. – «La fin des conventions et des codes», entretien avec Alain Pélissier, *Techniques et Architecture,* n° 366, juin-juillet 1986.

Dans l'histoire de la fragmentation chez Christian de Portzamparc, Rennes est un accomplissement où l'on voit que son refus de « fondre trois institutions dans une grande valise » n'est pas contradictoire avec la volonté de constituer un ensemble d'une grande unité.
L'idée première de ce projet, de donner à chaque institution une forme spécifique, est respectée dans ces trois volumes en un dont aucune partie ne peut être ôtée, car le NEC regroupe en un seul lieu trois partenaires différents : le musée de Bretagne, le centre culturel scientifique et technique (CCSTI) et la bibliothèque municipale.
Le musée, grand parallélépipède plat posé sur pilotis, définit un volume pur en lévitation. Deux bâtiments perforent cette enceinte de granit : d'une part le CCSTI, au volume conique d'aluminium, dominé par son planétarium sphérique, d'autre part la bibliothèque, prisme de métal et de verre qui s'évase en montant. Un véritable projet de restructuration urbaine est contenu dans la conception de ce nouveau bâtiment qui requalifie toute l'esplanade Charles-de-Gaulle. La ligne horizontale du musée tient l'esplanade tandis que la pyramide et le cône contrebalancent la tour URSSAF par l'introduction de formes souples et adoucissent l'environnement orthogonal existant.

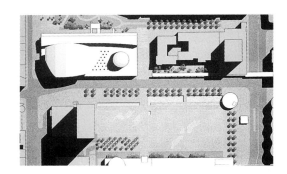

Assurer le fonctionnement et la bonne intercommunication entre ces trois éléments permet d'affirmer l'identification claire et immédiate de chaque institution dès le hall d'accueil. Celui-ci, ouvert, haut, ascensionnel, est animé par un jeu de passerelles qui interconnectent ces trois programmes entre eux. De toute part on voit tout, on accède à tout.

Rennes, New Cultural complex
1993
Cour des Vallées, Rennes
Competition organized by the City of Rennes
Prizewinning project
Studies in progress
Architect: Christian de Portzamparc
Assistant architects: Hua Xu, Marie-Elisabeth Nicoleau
Project manager: Bruno Barbot
Engineering consultants: SODETEG
Client: City of Rennes
Program: Library, Scientific, Technical and Industrial centre and Museum of Brittany
Surface area: 34,600 sq.m.

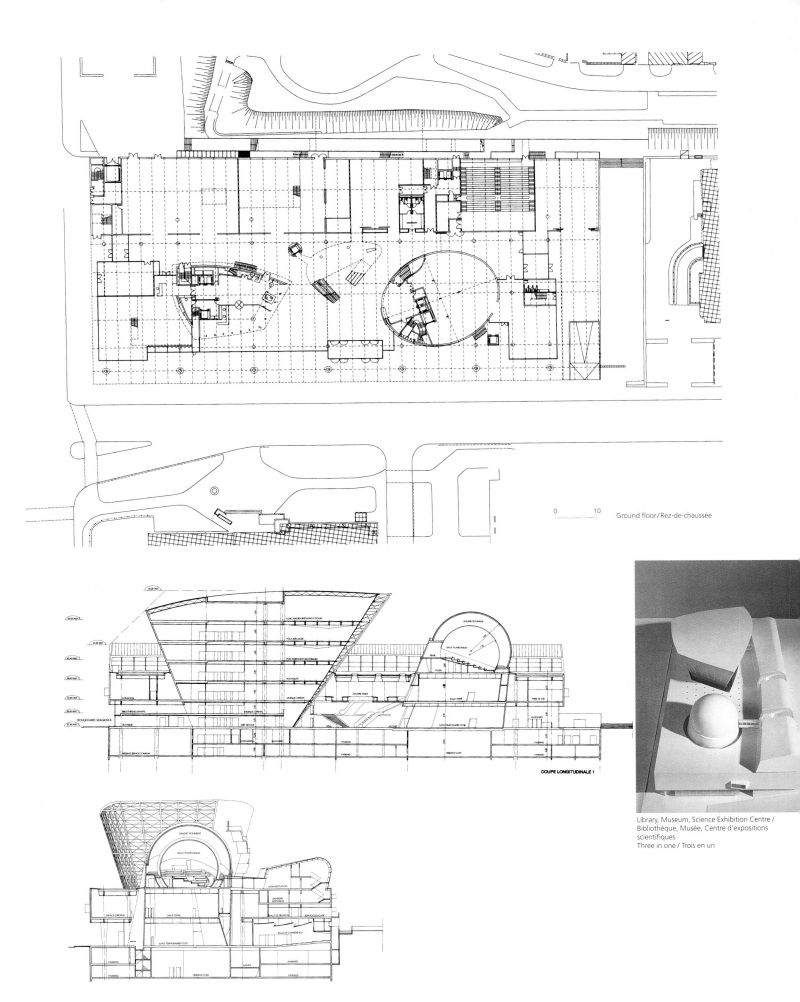

0   10   Ground floor / Rez-de-chaussée

COUPE LONGITUDINALE 1

Library, Museum, Science Exhibition Centre /
Bibliothèque, Musée, Centre d'expositions
scientifiques
Three in one / Trois en un

Interior of common reception area for Museum, Library and Science Exhibition Centre / Intérieur du hall commun au Musée, à la Bibliothèque et au centre d'expositions scientifiques

The question of the scale of individuals, dwellings and the spaces which they generate, and also of vaster spaces, squares and avenues, necessarily involves geometry. This sensitivity to urban space, which I share with my generation, has definitely contributed to my interest in geometry. [...] But you have to avoid getting too obsessed with this line of thought and allow room for more forceful ideas, ideas that predate geometry. Before they were geometrical objects, the sphere and the cube were mental constructs, myths. [...] When you set them in place, the figures take on a powerful meaning. They have to be used with parcimony. [...] Contradictory formal registers generate greater wealth than unified geometries. Sometimes I associate several geometries. – "Pour une géometrie singulière", interview with Jean-Yves Hannebert, *Techniques et architecture*, n° 358, February-March 1985.

Meeting a needs of enlarged exhibition space and a new auditorium, this project also transforms the appearance and impact of the building and the Porte Maillot context.

This is now seen as a thoroughfare, a gateway along the major Louvre-La Défense axis, rather than as a square. Our perception of it is conditioned by the turning movement of cars – whence the tangential straight line, the dimensions of which dominate the roundabout and match the speed of the major axis.

The initial project, a transparent design, was abandoned as incompatible with the programme, and led to the idea of two intersecting planes: one horizontal, floating at a height of 12 metres, enclosing the overspill of the existing building, and the other diagonal, shielding the forecourt and making optimum use of the new exhibition spaces.

The eight-level programme prolongs the floor-plan of the existing centre, thus making it possible to group activities together and optimize functional relations.

At the entrance, a large cone set at a tangent houses the new auditorium and marks the open, monumental presence of this important meeting place.

Extension du Palais des congrès Porte Maillot, Paris
Extension of the Palais des congrès

La relation entre les différentes échelles, l'échelle d'un homme, l'échelle d'un logement, l'échelle d'un bâtiment et de l'espace qu'ils constituent, et puis l'échelle d'espaces plus vastes, la place, l'avenue, passe nécessairement par la géométrie. Cette sensibilité à la question de l'espace urbain, que je partage avec ma génération, a certainement contribué à ce que je me sois intéressé à la géométrie. [...] Mais il me semble qu'il faut éviter de se laisser enfermer dans ce registre parce qu'on risque alors de laisser passer des idées plus fortes qui préexistent à toute idée géométrique. Avant d'être des objets géométriques, la sphère ou le cube, par exemple, sont des choses mentales, des sortes de mythes. [...] Quand on les met en place, les figures ont une forte signification. Elle doivent être utilisées avec une certaine parcimonie, avec une certaine rareté [...]. Je vois à l'utilisation de registres formels contradictoires une plus grande richesse que dans l'affirmation d'une géométrie unitaire. Je cherche parfois à faire jouer ensemble plusieurs géométries. – « Pour une géométrie singulière », entretien avec Jean-Yves Hannebert, *Techniques et architecture*, n° 358, février-mars 1985.

Répondant à une nécessité d'extension des surfaces d'exposition et de création d'une nouvelle salle du Palais des congrès, ce projet vise autant à transformer l'aspect et l'impact du bâtiment que l'espace de la Porte Maillot tout entier. Celle-ci est comprise comme un lieu de passage, une porte sur le grand axe Louvre-Défense, et non comme une place. La perception que l'on en a s'opère dans le mouvement tournant de l'automobile. D'où la droite, tangente. Les dimensions, les lignes doivent être ici en mesure de gouverner tout le rond-point et d'accompagner le grand axe, sa vitesse.

L'étude du projet, partie d'une idée très vitrée, a reconnu l'incompatibilité du programme avec une large transparence et est parvenue à ce croisement de deux grands plans : l'un horizontal, flottant à douze mètres de haut, recueillant une partie des évacuations du bâtiment existant, l'autre oblique, en devers, protégeant un parvis et optimisant les surfaces d'exposition nouvelles.

Le programme se déploie sur huit niveaux en mitoyenneté du palais existant et selon sa logique actuelle (les planchers se prolongent de l'ancien au nouveau), ce qui permet de regrouper les activités et d'améliorer les relations fonctionnelles.

À l'entrée, un grand cône tangente le plan, contient la nouvelle salle et marque l'événement monumental d'ouverture de ce grand lieu de rencontre.

Paris, Palais des congrès
Extension
1995
Porte Maillot, Paris,16th district
Competition
Prizewinning project, under construction
Architect: Christian de Portzamparc
Assistant architects: François Barberot, Jean-Louis Morer
Project managers: François Barberot, Bertrand Beau
Developer: Chambre de Commerce et de l'Industrie
Client: Société Immobilière du Palais des congrès SIPAC
Engineering consultants: SETEC, Travaux Publics et Industriels,
Economist: ATEC
Program: Extension of the Palais des congrès, with exhibition spaces, offices, 550-seat conference hall
Redeveloped surfaces: 13,606 sq.m.
New surfaces: 46,915 sq.m.

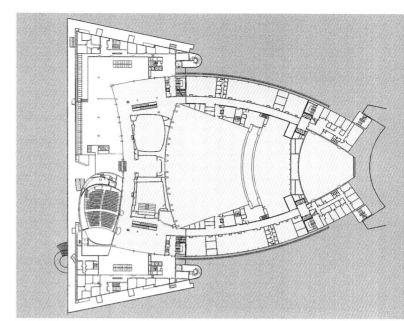

Floor / Étage

Along the processional axis, a new future for the round about
Sur l'axe majeur de Paris, une nouvelle destinée pour le rond-point

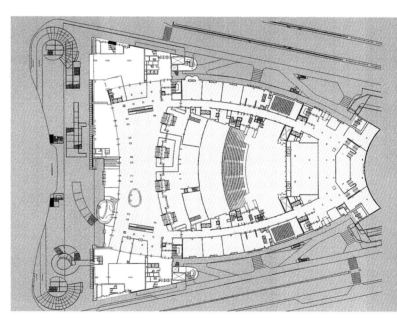

Ground floor / Rez-de-chaussée   0   10

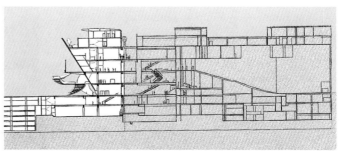

Section showing the extension
Coupe montrant l'extension

The integrity of a given shape is a closed narrative quantifying space; its incompleteness confronts us with a world of sensations of which we are not fully aware. [...] An unbroken circle is somehow emphatic, perhaps even redundant. For me, the relation between the centre and the perimeter is fixed, finite in character, giving the impression of a perfect whole, whereas the fragment of a circle whose centre has been positioned elsewhere is a fascinating idea. By testifying to this loss of centrality, or totality, the fragment permits another type of approach. [...] Many geometrical forms have become coded, with instant connotations that act as a block. In part, they no longer inhabit the register beyond language which is the perception of space. The sphere is a symbolic representation of unity and totality; sphericity concerns movement, of speed, a specific echo reflected on the body by a wall. And depending on its radius, it is no longer the same echo, the same sensation... You enter a different world, a world that can be infinitely modulated. – *Scènes d'atelier*, interview with Richard Scoffier, album for the Christian de Portzamparc exhibition, Éditions Centre Georges-Pompidou, 1996.

La complétude d'une forme évoque un récit fermé qui chiffre l'espace. Tandis que son incomplétude nous met en présence d'un monde de sensations dont nous sommes peu conscients. [...] Un cercle entier a quelque chose d'insistant, de redondant peut-être. Pour moi, la coexistence du périmètre et du centre a un caractère fixe, fermé, qui donne l'idée d'une totalité achevée, alors qu'un fragment de cercle dont le centre est rejeté ailleurs est fascinant. En témoignant de cette perte de la centralité, de la totalité, le fragment ouvre vers un autre type de pensée. [...] Beaucoup de formes géométriques ont été tellement utilisées qu'elles sont codées, elles ont une connotation immédiate qui fait écran. Elles sortent, pour une part, de ce registre hors langage qu'est la perception de l'espace. La sphère, c'est la représentation symbolique de l'unité, de la totalité; la sphéricité, c'est un mouvement, un glissement, une vitesse, un écho particulier qu'une paroi répercute sur le corps. Et selon la dimension de son rayon, ce n'est plus le même écho, la même sensation... On entre dans un autre monde, infiniment modulable. – *Scènes d'atelier*, entretien avec Richard Scoffier, album de l'exposition Christian de Portzamparc, Éditions Georges-Pompidou, 1996.

Between two intersecting planes, a cone contains the new auditorium
Deux surfaces planes se croisant, un cône contient la nouvelle salle

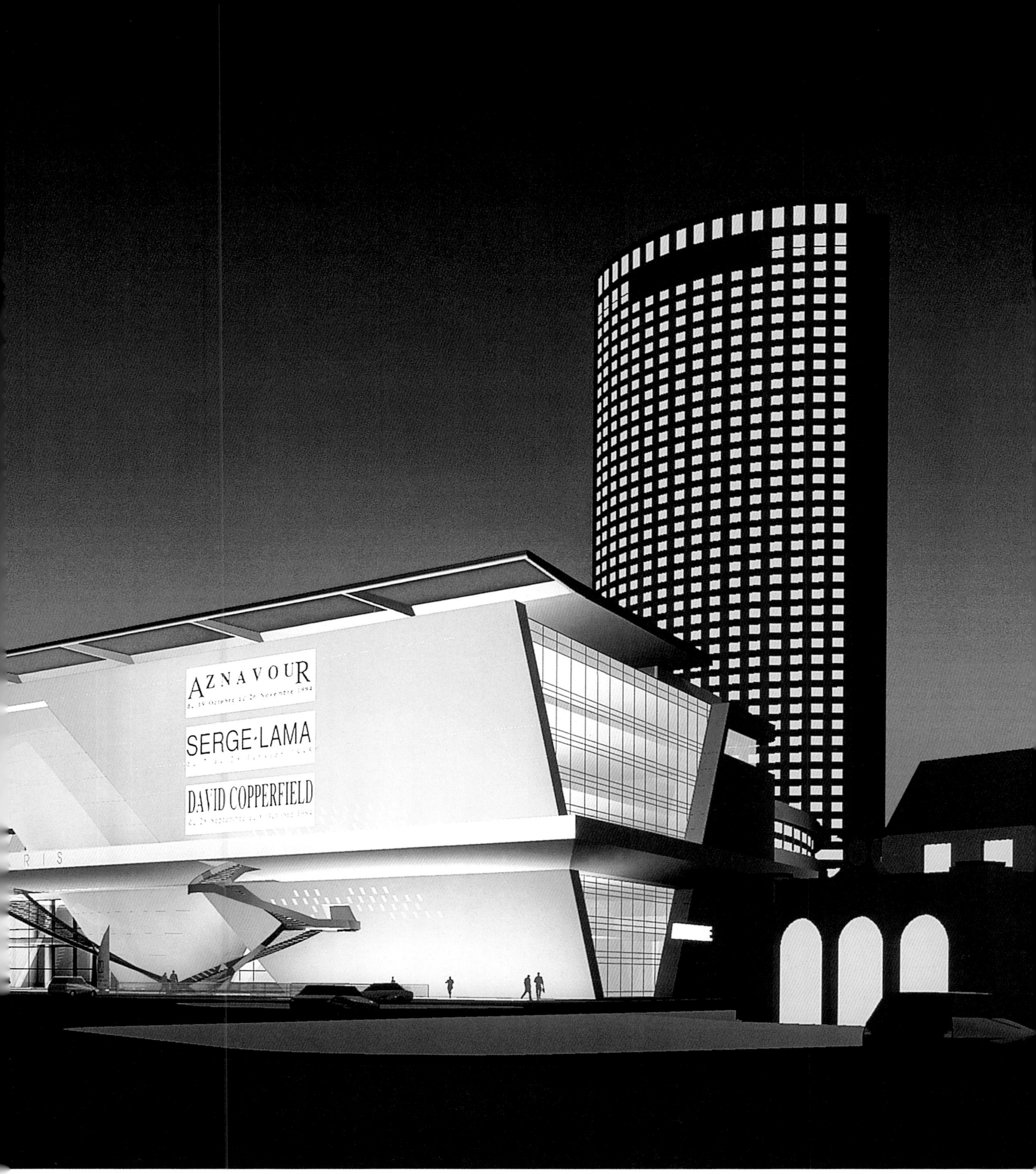
AZNAVOUR
SERGE·LAMA
DAVID COPPERFIELD

Today, the possibilities of interplay between acceptance, refusal, and the distortions of symmetry are infinite. I often exploit them to achieve a dynamics. There are places which immobilize you, and others which induce movement. The disequilibrium of frustrated symmetries, for instance, is part of our sequential perception of the project. A place that appears stable will suddenly or gradually image an imbalance which introduces something else. Vertical, helicoidal symmetries in a quadrangular setting can be a real feast. – "Le geometrie come matrici generative del disegno di progetto", interview with Riccardo Florio, *La citta' della musica a Parigi di Christian de Portzamparc*, doctoral thesis, University of Naples, October 1993.

At Nara, Japan's most ancient temples are set in the gardens of the historic city built on a rectangular street grid. Near these gardens, in the middle of the new city, three sculptural masses dialogue on a dark-coloured stone plinth surrounded by grass, paving and water. A fourth mass, an elongated green sandstone rock, houses the common services and connects the three halls. An inner courtyard emerges within the plinth. The scenic festival hall is a large pyramid-like "square" whose inner façades are pierced by wide windows with unsuperimposed balconies enabling 2000 people to see each other wherever they are. The 1000-seat stalls are surrounded by an ambulatory gallery. The ideal place for celebrations, festivities and music. The 500-seat concert hall offers a new way of seeing through the geometries of the Moebius strip. Its form negates the very idea of volume. Its surface creates a hall with incurved walls without any single acoustic focus. The audience enters from below, crossing the orchestra pit, and sits on the Moebius strip, which traverses the hall and leads up to an oculus of light. This setting for entertainment or contemplation is a large architectural garden open to the city – a symbolic heart in the continuity of Nara's *genius loci.*

International Convention Hall Nara, Japan

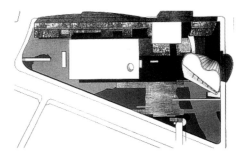

On a aujourd'hui une richesse de possibles infinis dans le jeu spatial que tout projet instaure entre acceptation, refus, détournement de la symétrie. J'en joue souvent pour introduire une dynamique ; il y a des lieux qui vous fixent, d'autres qui font bouger, avancer. Et la mise en déséquilibre d'un lieu, par une symétrie contrariée par exemple, fait partie de cette perception séquentielle du projet : un lieu qui se présente stable va nous offrir soudain ou peu à peu un déséquilibre qui introduit autre chose. Une symétrie verticale, hélicoïdale, dans un lieu quadrangulaire est une vraie fête parfois. – « Le geometrie come matrici generative del disegno di progetto », entretien avec Riccardo Florio, *La citta' della musica a Parigi di Christian de Portzamparc*, thèse de doctorat, université de Naples, octobre 1993.

À Nara, les temples les plus anciens du Japon sont disposés dans les jardins de la ville historique construite sur une trame de rues rectangulaires. Près de ceux-ci au centre de la ville neuve, le projet forme un ensemble de trois corps sculpturaux dialoguant sur un socle de pierre sombre entouré d'herbe, de dallage et d'eau. Le quatrième corps comme un long rocher en grès vert abrite les fonctions communes et relie les trois salles. Une cour intérieure s'ouvre dans le socle. La grande salle scénique est une vaste « place » cubique, légèrement pyramidale, dont les façades intérieures sont percées de larges fenêtres portant des balcons non superposés, et qui permettent à 2000 personnes de se voir de toute part. Le parterre de 1000 places est entouré d'une galerie déambulatoire. C'est une parfaite salle de célébration, de fête et de musique.

Le salon de musique de 500 places offre un ensemble de qualités conjointes qui ouvre à un monde de perception nouveau par l'introduction de la géométrie de la bande de Moebius. Sa forme détruit l'idée même de volume. Sa surface crée une salle à parois incurvées sans focalisation acoustique. Les auditeurs pénètrent par dessous, passent sur le parterre où va jouer l'orchestre et s'installent sur la bande de Moebius dont le renversement semble traverser l'espace de la salle et conduire à un oculus de lumière. Ce lieu de spectacle ou de méditation est un grand jardin architectural qui s'ouvre sur la ville, un cœur symbolique dans la continuité du génie de Nara.

Nara, International Convention Hall
1992
Competition organized by the City of Nara, Japan
Non-selected project
Architect: Christian de Portzamparc
Assistant architects: Marie-Elisabeth Nicoleau, Etienne Pierrès
Program: 2,000-seat hall and convention centre, 500-seat concert hall, 100-seat polyvalent auditorium

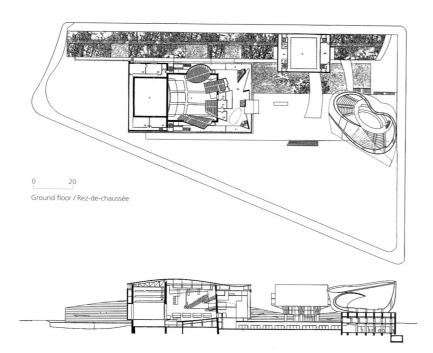

Ground floor / Rez-de-chaussée

0   20

Convention hall / La salle des congrès

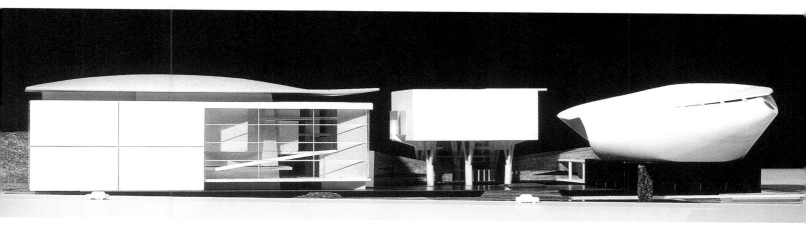

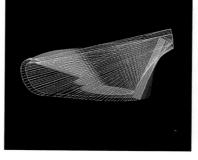

Moebius strip of the symphonic hall
La bande de Moebius de la salle symphonique

In my work I look for elementary, emotional confrontations with geometrical, plastic, architectonic fact, the possibility of communicating a fundamental sensation, here and now, over and above the question of connotations. An emulating fiction. But this is diametrically opposed to the idea that architecture is a language – a notion fashionable in the early seventies, which "semiotized" the visible by considering formal elements as signs to which more or less informed populations could assign meanings. A way of talking about space, perhaps, but not, probably, of creating it – fixated on the object, the fragment, the chatter, the manipulation of signs, with the result that the spatial emotion, the "signifier", was lost. In a sense, the Academies have always codified. But architecture is presence effect before it can become an sense effect. It must be moving. – "Penser l'espace", interview with François and Olivier Chaslin, *Christian de Portzamparc*, Paris, Éditions Ifa/Electa Moniteur, 1984.

At the heart of Seoul, set in a large park, this important museum was conceived as the readable symbol of national identity and history.
To achieve this, the project consists of a pure, floating volume detached from the irregular surfaces of the park. This white entablature houses the galleries and frames four dark piers containing flood-proof reserves. An island surrounded by water.
The park, the lake, the island, the piers, and the entablature together form a whole; the museum project unifies and underpins the park.
A stone avenue cuts through the Museum and opens a monumental gateway to the park, linking the river Han to the south with the view of Mount Nam Sam to the north.
On the island itself, reception areas, amphitheatres, a children's facility, waterside restaurants, shops, walks and gardens surround the hall of the great pagodas. Kiosks dotted around the island form shelters for strollers in the park, in the Korean tradition.

National Museum of Korea Seoul
Musée national de Corée

Dans mon travail, je cherche plutôt une confrontation émotionnelle, élémentaire, avec le fait géométrique, plastique, architectonique, la sensation qu'il communiquerait, ici et maintenant, hors de ses connotations, comme sensation première. C'est une fiction émulatrice. Mais c'est tout l'opposé de l'idée d'architecture comme langage qui fut à la mode vers 1970 : elle risque de sémiotiser le visible, de le réduire par conséquent, de considérer les éléments formels comme des signes auxquels des populations plus ou moins averties affecteraient des signifiés. Cela peut être un moyen de parler de l'espace mais probablement pas de le faire; cela peut induire une fixation sur l'objet, le morceau d'objet, le bavardage, la manipulation de signes, et alors l'émotion spatiale, le «signifiant», échappe. D'une certaine façon, les académismes ont toujours eu cette démarche : codifier d'abord. Mais l'architecture est un effet de présence avant d'être un effet de sens. Alors je dirais «émouvoir d'abord». – « Penser l'espace », entretien avec François et Olivier Chaslin, *Christian de Portzamparc*, Éditions Ifa/Electa Moniteur, Paris, 1984.

Au cœur de Séoul, au milieu d'un grand parc, ce musée immense devait être un symbole lisible de l'identité nationale et de son histoire. Pour avoir cet impact, le projet est constitué par un volume pur qui flotte, détaché du sol irrégulier du parc. Cet entablement blanc contient les galeries et forme un cadre rectangulaire posé sur quatre piles sombres contenant les réserves à l'abri des crues; le tout entouré d'eau forme une île.
Le parc, le lac, l'île, les piles, l'entablement, forment un tout car le projet du musée unifie le parc et le porte.
Une avenue de pierre traverse le musée, du nord au sud et celui-ci devient une porte monumentale du parc, liant le fleuve Han, au sud, et la perspective du mont Nam Sam au nord.
Dans l'île, accueils, amphithéâtres, maison des enfants, restaurants sur l'eau, commerces, cours, jardins entourent la salle des grandes pagodes, tandis qu'autour de l'île des kiosques abritent les promeneurs dans la tradition coréenne des jardins.

Seoul, National Museum of Korea
1995
Central Park, Seoul, Korea
International competition in two phases
Non-selected project
Architect: Christian de Portzamparc
Assistant architects: Marie-Elizabeth Nicoleau, Olivier Souquet
Client: Corean Ministry of Culture and Sports
Program: exhibition spaces, reception, restaurants...
Surface area: 200,000 sq.m

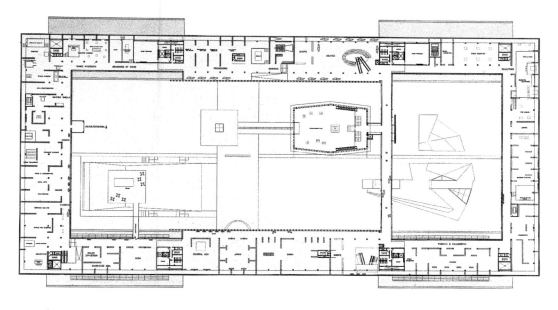

Floor/Étage

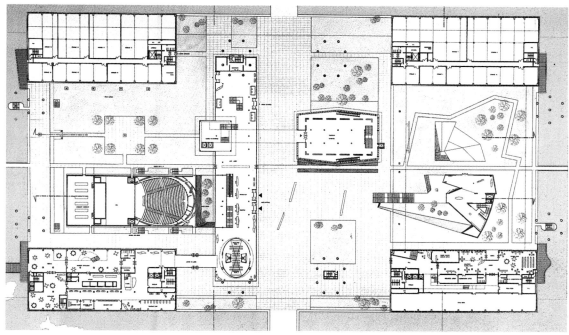

Ground floor/Rez-de-chaussée

0   50

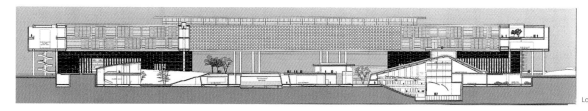

Longitudinal section / Coupe longitudinale

Cross section / Coupe transversale

Principal entrance / Entrée principale

Island museum / Le musée-île

The park passes under the museum / Le parc passe sous le musée

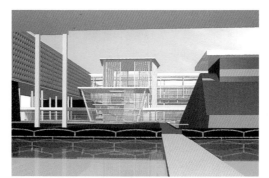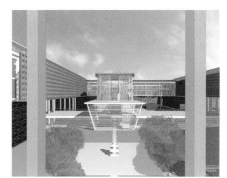

Interior island gardens, reception areas, hall of the pagodas / Les jardins intérieurs sur l'île, les accueils, la salle des pagodes

I'm concerned to represent the idea of depth, the sensation of the third dimension, without the device of perspective or illusionism. This is obviously a debate with the orthodoxy of modern painting and its flat objectified surfaces. There's always a wall, more or less, a picture plane, an architectural wall lurking at the back of my drawings.

I've tried to highlight what it is that takes shape in the operation which consists in setting an ordinary object before another flatter, vaster object. The object is revealed and reveals an in-between, a void, the degree zero of emergent space.

This search led me to look at painting before the invention of perspective, where depth is expressed by the superposition of clearly differentiated images: mountains, cities, trees, houses, people… What is distant is distant because it is partly veiled. This idea of depth, obtained by the stratification of planes, like layers of puff-pastry, has fuelled many of my projects. – *Scènes d'atelier*, interview with Richard Scoffier, the album for the Christian de Portzamparc exhibition, Éditions Centre Georges-Pompidou, 1996.

Je me suis intéressé à la représentation de l'idée de profondeur, de la sensation de la troisième dimension, sans l'appareil de la perspective ou illusionisme. C'est évidemment un débat avec l'orthodoxie de la peinture moderne et sa surface plane objectivée. Il y a toujours plus ou moins un mur, un plan du tableau, ou un mur architectural en fond de mes dessins.

J'ai cherché à mettre en évidence ce qui se noue dans l'opération qui consiste à mettre un objet quelconque devant un autre plus plat, plus vaste. Un objet s'expose et vient devant autre chose : un entre-deux, un vide est là, comme le degré zéro de l'apparition de l'espace.

Ces recherches m'ont conduit à regarder la peinture d'avant l'invention de la perspective où la profondeur est exprimée par la superposition d'images clairement différenciées : montagnes, villes, arbres, maisons, personnages… Le lointain est lointain parce qu'il est masqué en partie. Cette notion de profondeur obtenue par une stratification de plans, un feuilleté, a nourri nombre de mes projets. – *Scènes d'atelier*, entretien avec Richard Scoffier, album de l'exposition Christian de Portzamparc, Éditions Centre Georges-Pompidou, 1996.

On the plains of the Ile-de-France, the Marne-la-Vallée site is flat and unrelieved. For these two 500-room hotels, the project proposes two simple linear masses, cut out like mountains set before the lake. They set up a site, contain most of the rooms, and form a geological backdrop in front of which a theory of small architectural objects can be played out.

A metaphorical interplay between city and nature, geometry and geology, and a homage to Rio, which the architect often visits.

This theme of successive planes in the architectural landscape, which recurs in the projects for Metz, Fukuoka, Bordeaux and Strasbourg, as well as at the City of Music, is here glorified pictorially.

This fairytale arrangement generates elaborate in-between spaces. To the North, the city is reflected in the lake by the beach; to the South, the pure outlines of the "mountains" form an entrance to the site that can be seen from a distance.

EuroDisney Marne-la-Vallée

Dans la plaine de l'Île de France, le site de Marne-la-Vallée est plat, uniforme. Pour ces deux hôtels de 500 chambres, le projet propose deux masses linéaires simples mais découpées comme des montagnes devant le lac. Elles installent un site, contiennent la majorité des chambres, et forment un écran quasi géologique devant lequel vient jouer une théorie de petits objets architecturaux contenant les suites, restaurants, et salles communes de l'hôtel.

Il y a là un jeu métaphorique entre ville et nature, géométrie et géologie, qui est un hommage à la ville de Rio de Janeiro où l'architecte séjourne souvent.

Ce thème de la succession des plans dans le paysage architectural, que l'on retrouve dans les projets de Metz, Fukuoka, Bordeaux, Strasbourg et aussi dans la Cité de la musique, est ici exalté picturalement.

Projet de merveilleux et d'illusions, ce dispositif engendre un système d'espaces d'entre-deux très riche : côté nord, la ville se reflète dans le lac au bord de la plage, et côté sud, la découpe pure des montagnes représente une entrée visible de loin dans le site.

Marne-la-Vallée, EuroDisney
1988
Eurodisney, Marne-la-Vallée
Competition
Non-selected project
Architect: Christian de Portzamparc
Assistant architects: Marie-Elisabeth Nicoleau, John Coyle
Client: EuroDisney
Program: 1,000-bedroom hotel, restaurants, shops, car parks

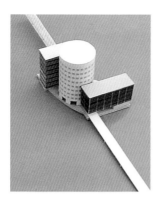

View from the lake / Vue du lac

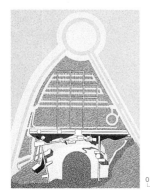

0   100

One idea I consider essential: architecture exists in a relatively slow historical cycle. First and foremost, it is a question of time. Architecture reveals its time. And it is there for a long time. But, as we know, it is changing more and more rapidly.

Twenty years ago, I wanted to build an architecture that could not be dated. The first thing everybody does when they see a building they're not familiar with is to put a date on it. With a knowing look, they say – and you can't tell whether they're right or not – "Umm, that's thirties, or forties…". The water tower in the form of the Tower of Babel – my first building – was outside the accepted order of the day. Nowadays, I'm tempted to say I no longer have this preoccupation, which, for a long time, had me rejecting the overhasty use of Modern signs and reassessing things that had been too swiftly rejected by the period. But is this really so? I still feel part of the cycle of architecture. But I am more concerned with physical, mental comfort. Leaving one's mark in time is an unconscious thing. – *Archi news*, interview with J. Longchamps, December 1990.

Port de la Lune Bordeaux

Il y a une idée que je tiens pour essentielle : l'architecture existe dans un cycle lent, assez lent disons, de l'histoire. Elle a à voir avant tout avec le temps, elle indique dans quel temps elle est. Et elle est là pour longtemps. Mais, on le sait, elle bouge de plus en plus.

Il y a vingt ans, je voulais faire une architecture qui ne soit pas datable. La première chose que tout le monde fait en face d'un bâtiment inconnu, c'est de le dater, de dire d'un air entendu, sans que l'on sache si c'est bon ou pas : «hum, ça fait très 30, ou 40…». Le château d'eau en forme de tour de Babel, ma première construction, était hors des rangs convenus de l'époque. Aujourd'hui, je suis tenté de dire que je suis soulagé de cette préoccupation qui m'a conduit longtemps à refuser l'emploi trop immédiat des signes de modernité pour déplacer celle-ci et reconsidérer de façon neuve des choses trop vite rejetées par l'époque. Mais est-ce bien vrai ? Je me sens toujours dans le cycle de l'architecture. Mais je me préoccupe plutôt du confort physique, mental. L'inscription dans le temps vient inconsciemment. – *Archi news*, entretien avec J. Longchamps, décembre 1990.

Bordeaux, Port de la Lune
1989
Left bank of the Garonne, Bordeaux
Ideas competition launched by the City of Bordeaux
Architect: Christian de Portzamparc
Assistant architect: Richard Scoffier
Program: redevelopment of disused harbour facilities
Surface area: 15 hectares

The port of Bordeaux is no longer part of the city; it has moved closer to the Atlantic. What, then was to become of these wharves?

"I feel that it would be a grave error to cover the Quai de la Lune with buildings or gardens. Not only would the memory of the port area – the economic basis of the city – be lost, but also the maritime link, the eyes and ears of the city, and a fundamental spatial structure – the spirit of the place – would be disrupted."

The three wharves lining the Garonne form an urban spectacle considered one of the most striking in Europe, and authorize the invention of a moveable scheme for a site on which the inhabitants still expect to see some large object looming past.

Set on existing rail-tracks, a moving clockwork machinery faces the classical city, cadencing the days and seasons and injecting a slow, perpetual interplay of metal into the stones of the old port.

Decked out in full array, the port will attract trade fairs, shows and sporting events on the water or on the quaysides.

Pavilions in perpetual movement on the rails of the old port
Des pavillons en mouvement perpétuel sur les rails de l'ancien port

Le port de Bordeaux n'est plus dans la ville. Il a été rapproché de la mer. Que faire de ses quais ?
« Il me semble que recouvrir demain les quais du Port de la Lune de bâtiments ou de jardins serait une grande erreur. Ce n'est pas seulement le souvenir, le territoire même du port sur lequel s'est fondé la ville que l'on effacerait, le lien maritime qui serait troublé, c'est peut-être à la fois l'œil et l'oreille de la ville que l'on plâtrerait, car une structure spatiale fondamentale qui fait le génie du lieu serait bouleversée. »
Avec ces grands quais du port de la Lune, Bordeaux épouse la Garonne en un spectacle urbain qui fut souvent décrit comme un des plus saisissants d'Europe, et ce port permet d'inventer aujourd'hui un urbanisme mobile, là ou tout Bordelais s'attend encore à voir passer quelques grandes silhouettes.
Sur les rails existants des quais, l'installation d'architectures mobiles crée un vaste mouvement d'horlogerie devant la ville classique, rythmant les jours et les saisons et renouvelant la fête en agitation lente par le jeu perpétuel du métal devant la pierre que fut le port.
Grands pavois, vastes expositions commerciales ou culturelles sur l'eau ou sur les quais, manifestations sportives, théâtrales, jeux nautiques, grands salons, tous utilisent le port.

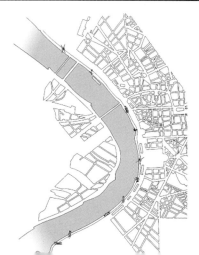

Christian de Portzamparc began exploring the facets of duality more than 20 years ago. In this context, we should mention two early projects that constitute landmarks in the recent history of French architecture: his 1971 water-tower in the new town of Marne-la-Vallée, an isolated "monument" set in the middle of a crossroads, a tower of Babel swathed in a latticed façade with plants clinging to it; and his 1974 competition project for the site of the old La Roquette prison in Paris, a huge, closed courtyard in the manner of the Palais royal, where plants also covered the inner façades of the rectangle.

Portzamparc's work has always wavered between two contrasting poles, the autonomous object and the hollowed-out enclosure, the totem and the clearing. This stems not from uncertainties or hesitation, but from the deliberate exploration of dualities. The singular object or sign wants a site or setting – the void within dense built space, opening up space through spacing.

This dialectics, which characterizes all Portzamparc's projects, from the

Dès le début de son activité architecturale, il y a plus de vingt ans, Christian de Portzamparc a exploré les figures de la dualité. Nous mentionnerons ici deux de ses premiers projets, qui ont été des repères dans l'histoire récente de l'architecture française : en 1971, avec un château d'eau dans la ville nouvelle de Marne-la-Vallée, il concevait un édifice isolé, « monumental », au centre d'un carrefour de routes, une tour de Babel enveloppée par une résille ajourée à laquelle s'accrochait la végétation ; en 1974, avec le projet de concours sur le terrain de l'ancienne prison de La Roquette à Paris, il proposait l'espace d'une vaste cour fermée, un Palais royal où la végétation couvrait aussi les façades internes des quatre côtés du rectangle.

Objet indépendant ou enclos vide, totem ou clairière, le travail de Portzamparc oscillait déjà entre deux pôles. Ceci ne manifestait pas une incertitude ou une hésitation mais l'exploration d'un champ de réflexion habité par la dualité : l'objet singulier, le signe dressé, cherchait un emplacement ; l'entité vide dans la densité bâtie, l'ouverture d'un espace, procédait d'un espacement.

Cette dialectique, qui va durablement et intrinsèquement caractériser les projets de Portzamparc, depuis l'ensemble de logements des « Hautes Formes » (1975-1979) et le conservatoire Erik-Satie (1981-1984) à Paris,

"Hautes Formes" housing complex (1975-1979) and the Erik Satie Conservatory (1981-1984) in Paris, to the Paris Opera dance school in Nanterre (1983-1988), has found further expression in the contrast between order and disorder, regularity and irregularity, symmetry and dissymmetry, unity and fragmentation, stability and motion, centripetal polarities and centrifugal dispersal, monochromy and polychromy. These tensions between opposites are quests for a reconciliation of extremes, the integration of figures within a stable equilibrium. His architectural ethics rejects dogmatism and Manicheism, instead positing the idea of a world which does not function by systems of exclusion but which can accommodate contrasts – which in turn can achieve complementary registers.

This question of complementarities between differing if not diametrically opposed elements or themes has led Portzamparc to break down his architectural programmes into component parts and define possible relations. This programmatic breakdown has immediate formal consequences. It is a vector of fragmentation, whereby the fragments enter into a dialogue with their ground or content. Each component is a figure against a ground, but also a ground in relation to which the figures can be redefined. This conception, which seems to draw on Gestalt theory, does not restrict its investigations to the building, but incorporates it into the context of an urban or "natural" environment. It goes without saying that this inclusion cannot leave the ground indifferent or intact: the building necessarily recomposes a – more specifically urban – context.

Portzamparc is rarely tempted by grand symmetrical plans unifying elements that are in most cases profoundly heterogeneous. Instead, he prefers a picturesque approach, in which the elements of the "picture" can switch roles depending on its position, the point of view from which it is perceived and the framework within which it is set. It may be a figure set against a ground, or a ground against which other figures are made to stand out. Portzamparc explains this in an introduction to the housing complex he designed at Fukuoka in Japan (1992): "Every object, and every form in space, is alternately object and context, form and background, situating and

Duality and Harmony of Opposites
Dualité et Harmonie des Contraires

Jacques Lucan

jusqu'à l'école de danse de l'Opéra de Paris à Nanterre (1983-1988), se développera encore selon d'autres oppositions : entre ordre et désordre, régularité et irrégularité, entre symétrie et dissymétrie, unité et fragmentation, stabilité et mouvement, entre aspiration centripète et dispersion centrifuge, monochromie et polychromie, etc. Ces tensions entre des pôles opposés sont toujours à la recherche d'une possible conciliation des extrêmes, d'une possible intégration dans un équilibre stable des figures architecturales. Il s'agit là de l'affirmation d'une éthique architecturale qui refuse tout dogmatisme ou tout manichéisme, qui privilégie l'idée d'un monde qui ne fonctionnerait pas par systèmes d'exclusion mais accueillerait positivement des oppositions, celles-ci devenant par là-même des registres nécessaires car complémentaires.

Raisonner par complémentarités d'éléments ou de thèmes différents sinon opposés mène en particulier Portzamparc à décomposer un programme architectural pour en identifier les composants, et définir les rapports que ceux-ci vont devoir entretenir. Cette décomposition programmatique a des conséquences formelles immédiates. Elle est un vecteur de fragmentation, et les relations entre les fragments distingués vont mettre en jeu un dialogue supplémentaire entre figure et fond : tout composant est une figure qui s'inscrit par rapport à un fond, mais aussi bien il est un fond par rapport

auquel se recomposent les figures des autres composants. Il faut ici remarquer que cette conception, qui semble implicitement emprunter ses notions à la Gestalttheorie, ne borne pas ses investigations au seul bâtiment projeté mais inscrit aussi celui-ci dans le contexte d'un environnement urbain ou «naturel». Il va sans dire que cette inscription ne peut laisser le fond indifférent et intact : le bâtiment est nécessairement un opérateur de recomposition de l'environnement contextuel, notamment urbain.

Dans cette optique, Portzamparc est rarement séduit par les grandes ordonnances urbaines régulières et unitaires qui plient sous leur loi des composants le plus souvent foncièrement hétérogènes. Il préfère une approche fondamentalement pittoresque dans la mesure où chaque composant participant à la construction d'un «tableau» peut changer de rôle selon la position qu'il occupe ou qu'occupe le spectateur, selon le point de vue à partir duquel il est appréhendé, selon le cadre dans lequel il est inclus : il peut être une figure détachée sur un fond, mais encore, inversement, un fond sur lequel se détachent d'autres figures. C'est ce que confirme explicitement Portzamparc lui-même dans un texte de présentation de l'ensemble de logements qu'il a réalisé à Fukuoka au Japon (1992) : «Tout objet, toute forme dans l'espace, est alternativement objet et contexte, forme et fond, situant et situé dès qu'il entre en rapport avec

situated, once it comes into contact with other objects. The project exploits this interplay".

This dialectics of figure and ground, of placing and spacing, calls to mind a dovetailing, a sequencing of architectural meanings that does not, however, necessarily involve the deduction of one element from its counterparts. De Portzamparc prefers open, multi-polar topologies to closed hierarchies. In this complexity, no single element predominates; rather, it is a network that specifies the role and meaning of the parts. Spectacular evidence of this can be found in the complex architectural world of the City of Music (1984-1995).

Fragmentation, the exploration of the resources of disparate dualities, and the complexity resulting from reversible figure and ground, thus inform projects which achieve a balance independent of static regularities. Some features of Portzamparc's architecture, which may appear arbitrary, thus find their raison d'être in an overall balance between disparate elements. This

approach emphasizes architecture as an "interplay" of volumes. It follows from this that his architectural work has a specifically sculptural dimension, in which volumes and spaces and the relations between them, the tensions and echoes that set them apart them or bind them together, are only discovered in motion, in a picturesque plurality of viewpoints, a sequencing of visual events.

It is hardly surprising, then, that de Portzamparc's should have pursued the theme of "free" forms redolent of the optimism of the immediate postwar years and the 1950s – sensual volumes and curves that doubtless testify to a new delight in form. In this, Portzamparc shares certain obsessions with the "late" Le Corbusier, who wanted architecture to be a "music of forms", an "acoustics of forms", "an acoustic event where everything is consonant", in which buildings might resemble "acoustic conch shells" transmitting and receiving sounds. The notion of visual acoustics is no rhetorical formula when applied to the City of Music, a public building dedicated to music. Referring to the courtyard of the conservatory, in the West Wing,

d'autres objets. C'est le jeu de ce phénomène que le projet explore. Cette dialectique de la figure et du fond, qui relate celle évoquée précédemment de l'emplacement et de l'espacement, fait penser à un emboîtement, à un enchaînement des significations architecturales, à une mise en abîme qui n'est cependant pas demandée par une hiérarchie faisant rationnellement se déduire un élément de celui ou de ceux qui le précèdent. À une ordonnance hiérarchique fermée, Portzamparc préfère une topologie multipolaire ouverte : dans cette complexité, aucun des composants ne doit devenir véritablement prédominant ; c'est le réseau des composants qui précise le rôle et la signification de chacun. N'est-ce pas ainsi l'étonnante démonstration apportée par le monde architectural de la Cité de la musique dans le parc de La Villette à Paris (1984-1995) ?

La fragmentation, l'exploration des ressources de multiples dualités, la complexité résultant de la réversibilité de la figure et du fond construisent donc des projets où une question majeure est celle d'un équilibre qui ne se fonde pas sur des régularités statiques. Certains des traits de l'architecture de Portzamparc, qui peuvent sembler arbitraires, trouvent ainsi leurs raisons d'être dans une pondération d'ensemble des composants. Une telle conception met l'accent sur l'architecture comme « jeu », jeu de volumes. Il s'ensuit de ce fait que le travail d'architecture possède une dimension

proprement sculpturale, dans laquelle les volumes et les espaces, les relations qu'ils entretiennent, les tensions, les échos qui les séparent et les mettent à distance, ou qui les relient et les fusionnent, ne se découvrent qu'en mouvement, à partir d'une pluralité pittoresque de points de vue, d'une suite d'événements visuels.

Rien d'étonnant, à partir de là, que Portzamparc renoue avec un traitement de formes « libres » qui nous rappelle l'optimisme des lendemains de la Seconde Guerre mondiale et des années cinquante : le sensualisme des volumes et des courbes veut-il ainsi participer à un nouvel enchantement des formes ? Toujours est-il que Portzamparc retrouve certaines obsessions du « dernier » Le Corbusier, lorsque celui-ci voulait que l'architecture devienne une « musique des formes », une « acoustique des formes », « un événement acoustique où tout consonne » et pour lequel les édifices soient comme des « conques sonores » qui envoient et reçoivent des sons. Et en effet, ça n'est pas une simple formule de rhétorique, parce qu'il s'agit d'un édifice public consacré à la musique, que de parler d'acoustique visuelle à propos de l'architecture de la Cité de la musique. Parlant de la cour du conservatoire – la partie ouest de la cité –, Portzamparc précise : « Le perchoir, la loggia, le jardin, les terrasses sont venus […] entretenir des relations de conversation… sculpturales » ; la partie est, quant à elle, possède

Portzamparc comments that "the perch, loggia, garden and terraces entertain sculptural relations". And the East Wing is spiral in plan, it is literally a shell, a horn transmitting sounds towards the nearby park.

Finally, we should mention de Portzamparc's urban designs, not because he has ever established clear demarcations between architecture and city – his projects offer ample proof that this is not the case – but because he has tackled problems specific to urban development, in competitions or commissions for Paris, Metz, Strasbourg, Toulouse, Montpellier, Bordeaux and elsewhere. In his critique of the principles of open planning bequeathed by the Athens Charter, de Portzamparc has never, like the (European) "city rebuilders" of the 1970s, argued for a return to the closed block of contiguous buildings or the "corridor" street. He is satisfied neither by the "Modern" situation, in which buildings often turn their back on each other and develop purely haphazard relations, nor with some "ancient" age, in which the serried accumulation of buildings was often synonymous with promiscuity. After "Age I" (the old age) and "Age II" (the modern age) he posits the advent of an "Age III", a quasi-Hegelian synthesis that will take into account the singularity of each design situation. In Portzamparc's own words: "…what will characterize Age III is the end of homogeneity as the only possible figure of harmony". By appropriating the twofold heritage of its predecessors, "Age III" will usher in the new, "open" block; its buildings will be discontinuous and heterogeneous – "almost free". They will be given highly differentiated volumetric and architectural treatments, and the street will be "open", which means that it will no longer be a corridor of continuous façades.

What, in the final analysis, does Christian de Portzamparc propose? In order to rediscover and reinvent articulations, possible rhythms between architecture and city, he strives to reconcile individuality and dependence, freedom and constraint, in a dogged quest for a "harmony of opposites".

Jacques Lucan

un plan qui dessine une spirale, littéralement une conque, qui était conçue comme une trompe devant envoyer des sons vers le parc voisin de La Villette. Reste en dernier lieu à parler des conceptions urbaines de Portzamparc, non pas qu'il ait jamais établi une séparation entre architecture et ville – ses projets le prouvent suffisamment –, mais parce que sa réflexion, depuis quelques années, a abordé de front, à l'occasion de concours ou de consultations, à Paris, Metz, Strasbourg, Toulouse, Montpellier, Bordeaux, etc., des problématiques spécifiques d'aménagement urbain. Participant à la critique des principes hérités de la charte d'Athènes, qui ont connu tant d'applications, c'est-à-dire à la critique de l'*open planning*, Portzamparc n'a jamais prôné, à l'instar des «reconstructeurs de la ville» (européenne) dans les années soixante-dix, un retour à l'îlot fermé, aux bâtiments mitoyens et à la rue («corridor»). Pas plus qu'il ne se satisfait d'une situation «moderne» où les bâtiments devenus très souvent complètement autonomes s'ignorent et n'établissent entre eux que des relations fortuites, il ne regrette un âge «ancien» où l'accumulation serrée des bâtiments était aussi synonyme de promiscuités aujourd'hui impossibles à supporter. Après ce qu'il nommait récemment «l'Âge I» (l'âge ancien) et «l'Âge II» (l'âge moderne), viendrait enfin le temps de «l'Âge III», possible dépassement (quasi hégélien) des deux stades antérieurs. Avec «l'Âge III» serait venu le temps de considérer la singularité de chaque situation de projet : comme le dit Portzamparc, «ce qui va caractériser l'Âge III, c'est la fin de l'homogénéité comme seule figure de l'harmonie». Avec l'appropriation du double héritage des «âges» antérieurs que représente «l'Âge III», l'îlot sera donc maintenant «ouvert» – c'est-à-dire que les bâtiments qui le composent pourront être discontinus, non nécessairement mitoyens, hétérogènes – les immeubles seront «presque libres» – c'est-à-dire qu'ils pourront faire l'objet de traitements volumétriques et architecturaux très différents les uns des autres –, et la rue sera «ouverte» – c'est-à-dire qu'elle ne sera plus un corridor débordé par des façades continues.

En fin de compte, que propose encore une fois Christian de Portzamparc ? Pour retrouver, réinventer une articulation, un rythme possible entre architecture et ville, il propose de concilier individualité et dépendance, contrainte et liberté, dans la recherche constante et obstinée d'une «harmonie des contraires».

Jacques Lucan

Architecture can truly transform our day-to-day existences : that is its function. I tested this idea in the Opera Dance School and the Conservatory of Music. Everything conspired to make the Conservatory a closed, barrack-like institution – the density of the brief, the number of pupils to be housed (around 2,000), and draconian acoustic constraints. And yet it achieves both openness and intimacy.

The classical tradition has often privileged notions of order, overall unity and the hierarchy of elements in its school structures. The Moderns, on the other hand, have insisted on institutional machines capable of housing large numbers, emphasizing the vertiginous effects of serial repetition.

In my art Schools I have tried to fluidify the whole, play down number and rediscover the individual and the rhythms of his day-to-day activities. My task has been to break down monolithic unities.

In 1980 at the École Spéciale, in the wake of my Hautes-Formes project, I organized my teaching program around the theme of fragmentation – the organization of a brief made up of three distinct volumes in terms of their dimension and aspect. The task here was to reconcile unity and plurality. For me, the various elements of the brief were the molecules of plurality, within a future city setting that would be less and less determined by notions of stylistic unity.

Quite by chance, I then had to tackle a series of dance- and music-school programs, in which I used fragmentation to create in-betweens, fissures, interstices, then worked to achieve a balance within the various families and tribes of the community…

Christian de Portzamparc

Places of teaching and music
Lieux d'enseignement et de musique

L'architecture peut transformer véritablement la vie quotidienne : c'est à cela qu'elle sert. Avec l'École de danse de l'Opéra et le Conservatoire, je l'ai pleinement expérimenté, éprouvé. Tout portait le Conservatoire à être une caserne serrée et assourdie : la densité à bâtir, le nombre d'élèves (près de 2000), les impératifs d'isolement acoustique. Pourtant il y a de l'intimité, et de l'ouverture.

La tradition classique a souvent mis l'accent dans les écoles sur la notion d'ordre, d'unité d'ensemble, exaltant une hiérarchie forte.
La tradition moderne nous a habitués à insister sur l'image d'une institution fonctionnant comme une machine, stockant les grands nombres et jouant du vertige des effets de répétition des séries.
Avec les écoles d'art, j'ai cherché à fluidifier le groupe, à faire oublier le nombre, à retrouver l'individu ou le petit groupe, puis son rythme de vie. Mon travail a consisté à briser la masse de l'unité monolithique.

En 1980, après les Hautes Formes, j'enseignais à l'École spéciale d'architecture autour du thème de la fragmentation : installer un programme dans trois volumes distincts en dimension, en aspect. Comment concilier unité, pluralité ?
Je voyais dans ces ensembles d'éléments contrastés des sortes de molécules de la pluralité, pour une ville à venir qui serait de moins en moins régie par l'unification stylistique.

Par hasard je me trouvais ensuite face à une série de programmes d'écoles de musique ou de danse. Là, la fragmentation de l'unité architecturale est venue d'abord créer des entre-deux, des failles, des espacements, puis elle s'est appliquée à la recherche de l'équilibre de cette vie des groupes, avec ses familles, ses tribus…

Christian de Portzamparc

There are inconsistencies: the dynamics of a building that hasn't become embalmed in its proportions, associating contrasting registers and doing more than just organize rectangles. But in order to achieve such tensions, the building must first resolve two crucial questions: How does it touch the ground? How does it meet the sky? [...]

Light is a starting point [...] it is material in its immateriality: light, half-light and shade. The treatment of scale and the openings or transparencies punctuating this space is a question of light. Even the dual attraction [...] of voids and solids is a question of light. There's beauty in technical prowess, an elegance in the the achievement of lightweight effects; but it **is above all light that liberates.** – "Penser l'espace", interview with François and Olivier Chaslin, *Christian de Portzamparc*, Éditions Ifa/Electa Moniteur, Paris 1984.

The competition brief was for a music school and housing. Christian de Portzamparc was the only candidate to propose two distinct buildings and open up a breach within the site. The Conservatory is thus an autonomous public "event" in a district boasting few others.
The project reappropriates monumental archetypes (plinth, shaft, attic, cornice)... The architect, having revisited architectural histories ranging from the primitive Water Tower to La Roquette and Les Hautes Formes, here mingles classical codes with the Modern heritage.
Unfortunately, the replacement of an adjacent 19th century town-house by a building faced in the same stone as that of the Conservatory has made it impossible to read the latter's particular character as a corner monument.

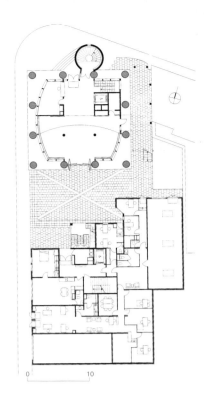

0   10

Conservatoire de musique Erik Satie Paris
Erik Satie Conservatory of Music

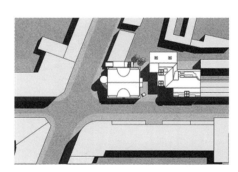

Il y a des dissonances, c'est le dynamisme d'un bâtiment qui n'est pas embaumé dans ses proportions justement, qui fait jouer plusieurs registres et qui n'est pas uniquement une qualité de répartition de rectangles. Mais pour jouer dans ces tensions, le bâtiment doit avoir clairement résolu ces deux choses essentielles : comment touche-t-il le sol, comment rencontre-t-il le ciel ? [...]

La lumière est un point de départ [...] la matière de l'immatériel si l'on veut : clarté, ombre, partage de pénombre. Et tout le travail sur les dimensions et les trous qui bordent cet espace, les transparences qui le traversent, est un travail sur la lumière de cet espace. Même cette double attraction [...], pour la masse et l'effet de plein d'une part, l'allègement d'autre part, est aussi une affaire de lumière. Il y a une beauté de la prouesse technique, une élégance dans l'allègement; mais il y a plus, il y a surtout cette valeur première : c'est la **lumière qui libère.** – « Penser l'espace », entretien avec François et Olivier Chaslin, *Christian de Portzamparc*, Éditions Ifa/electa Moniteur, Paris, 1984.

Une école de musique et des logements étaient le programme d'un bâtiment mis en concours. Christian de Portzamparc fut le seul des concurrents à proposer deux bâtiments distincts et à ménager entre eux une brèche dans l'îlot. Le conservatoire devient ainsi un bâtiment autonome et forme un petit événement d'architecture publique dans un quartier qui en a peu.
Ce projet traduit une étape de réappropriation d'archétypes de la monumentalité tels que base, corps, attique, couronnement. L'architecte semble, dans ces années, avoir reparcouru une histoire fantasmée, partie du primitif avec le Château d'eau, la Roquette, les Hautes Formes, pour arriver ici au code classique et refondre cette expérience avec l'héritage moderne.
Le remplacement de l'hôtel du XIXe siècle adjacent au conservatoire, sur la rue de l'Université, par un bâtiment utilisant la même pierre rend aujourd'hui illisible la situation de ce petit monument public d'angle et c'est dommage.

Paris, Erik Satie Conservatory and Old People's Home
1981-1984
Rue Jean-Nicot, Paris, 7th district
Competition
Prizewinning project, executed
Architect: Christian de Portzamparc
Assistant architects: Frédéric Borel, Marie-Elisabeth Nicoleau, François Léonhardt
Project manager: Frédéric Borel
Artist: Jacques Martinez
Client: Régie Immobilière de la Ville de Paris (RIVP) et Habitat Social Francais (HSF)
Program: Conservatory of music and 51 housing units
Surface area: 1764 sq.m.

My forms are anything but gratuitous. They involve a dynamics of movement and sound, a sensory experience and a process of gradual reflection before they can become drawings.

Form is induced by a multiplicity of convergent causes: acoustics, structure, plasticity, light, heat, symbolism, dreams, rationalism, memory, town plans. A dangerous game, and a very exacting pleasure. It calls for rigour, critical experiment, a patient dialogue with users, and an exhausting economic struggle. – Interview with Marc Bédarida, *AMC*, n° 19, February 1988.

When the Paris Opera Dance School decided to leave the Palais Garnier and move to Nanterre, Christian de Portzamparc invented a microcosm of identifiable and distinct places, open to the park and city, freeing life within the school of the obsessions of dance. He dissociated the three major moments of the students' day in three distinct buildings: the dance building, the teaching and administrative building, and the accommodation wing turned to the park. A glass house federates the circulations between these three parts and modulates relations between the building and the city. The children can discover a fourth world, a garden and courtyard with flowers, vegetables and animals.

In the dance building, the grand helicoidal staircase leads up to dance studios positioned along a panoramic walkway, gradually revealing the various rooms, distant views, the park and the landings where pupils congregate.

The competition designs were completed in the same week as those for the Bastille Opera.

"The design results from the idea of setting in movement not only the eye, but the whole body. Seeing to move, moving to see. Like architecture, dance is a celebration of space. Place suggests movement, and movement occurs within the stability of place."

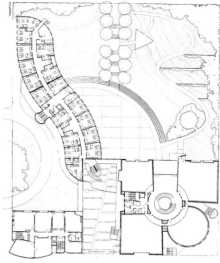

Dance studios level / Plan niveau salles de danse   0   10

École de danse de l'Opéra de Paris Nanterre
Dance School of the Paris Opera

Aujourd'hui, je sais que la forme que je fais est tout sauf gratuite, qu'elle est une dynamique des mouvements et des sons, une expérience sensorielle et une réflexion lente avant d'être un dessin.

Parce que chaque forme n'est pas seulement acoustique, ou seulement structure, ou seulement plasticité, lumière, thermique, symbolique, onirisme, rationalisme, mémoire, tracé urbain, etc., mais la convergence de toutes ces causes internes et externes, la traversée de toutes ces causes, assumées, détournées. C'est un risque et un plaisir très exigeant, ça demande de la rigueur, une perpétuelle expérimentation critique, un dialogue constant avec les utilisateurs, une lutte économique épuisante. – Entretien avec Marc Bédarida, *AMC*, n° 19, février 1988.

L'École de danse de l'Opéra de Paris ayant abandonné le Palais Garnier pour s'établir à Nanterre, Christian de Portzamparc l'a reconstituée comme un microcosme en cherchant à créer des lieux identifiés très différenciés et une ouverture visuelle vers le parc ou la ville afin que la vie en internat ne soit pas obsessionnellement axée sur la danse. Il a dissocié les trois grands moments de la journée des élèves en trois bâtiments distincts : le bâtiment de la danse, celui de l'enseignement et de l'administration et l'aile de l'internat tournée vers le parc. Une verrière articule toutes les circulations entre ces trois parties et diaphragme les rapports entre la ville et le parc. Un quatrième monde, jardin et cour, légumes, fleurs et animaux est offert aux enfants.

Dans le bâtiment de danse, le grand escalier central en hélice distribue en une promenade panoramique les studios de danse et nous fait apparaître les salles, les lointains, le parc et les grands paliers où les élèves se retrouvent.

Ce projet a été élaboré en 1983 et rendu la même semaine que le concours pour l'Opéra Bastille.

« Le travail a découlé de ce jeu où une part de l'architecture est la mise en mouvement non seulement du regard, mais du corps tout entier. Voir pour bouger, bouger pour voir. Comme l'architecture, la danse est une célébration de l'espace. Le lieu s'ouvre au mouvement et le mouvement se déploie dans la stabilité du lieu. »

Nanterre, Dance School of the Paris Opera
1983-1987
20, allée de la Danse, Quartier du Parc, Nanterre, Hauts-de-Seine
Competition
Prizewinning project, executed
Architect: Christian de Portzamparc
Assistant architect: Marie-Elisabeth Nicoleau
Project managers: Marie-Elisabeth Nicoleau, Bertrand Beau, Bruno Barbot
Artists: Pierre Buraglio, Roland Cabot, Béatrice Casadesus
Client: Ministère de la Culture, EPAD
Program: Dance school, school for 150 pupils, student accommodation (50 rooms with 3 beds), refectory, offices, meeting rooms
Surface area: 11,000 sq.m.

Left background, accomodation block. Foreground, teaching block. To the right, dance building / Au fond à gauche, le bâtiment d'hébergement. Au premier plan, le bâtiment d'enseignement et à droite le bâtiment de danse

Going down from the bedrooms / La descente depuis les chambres

The entrance courtyard / La cour d'entrée

Dance studio / Salle de danse

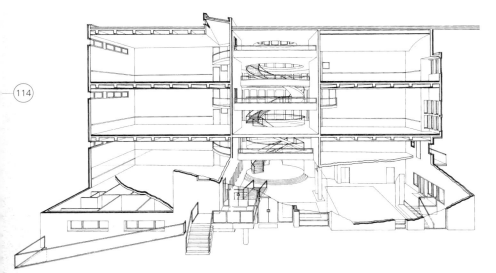

Dance building section / Coupe sur le bâtiment de danse

Dance studio / Salle de danse

Dance building seen from the garden
Le bâtiment de danse vue du jardin intérieur

Dance building stair case
L'escalier du bâtiment de danse

In the end, it is silly to accuse an architecture of formalism. Architecture is formal work. Bad forms can be found everywhere, but this is invariably because they ignore the more general space in which they act. Architectural objects aren't curios, coffee-pots or sculptures. The Modernists had a devastating effect by wanting every building to be an absolutely unprecedented formal design. But that doesn't mean I go along with neo-classical notions of self-effacement, language codes and the indefinite improvement of a few architectural types. Nor do I believe in watering down architecture into vernacular. We have to be aware of both local and universal cultures. And if you're aware of the fragility of plural urban space, you also have to try to avoid embalming it. You have to heal its scars at times, but more often you dynamize and structure the city, making it a living, joyous place. – «Penser l'espace», interview with François and Olivier Chaslin *Christian de Portzamparc*, Éditions Ifa/Electa Moniteur, Paris 1984.

This project is set on the La Villette basin, an immense, pure rectangle of water delimited at one end by Ledoux's famous Rotonda, and at the other by two large warehouse buildings, which it was planned to replace. The carefully thought out programme provided for two distinct cycles set on either side of the canal. The project superposes two distinct orders: compact plinth-blocks restitute street alignments and house the lecture theatres, libraries, workshops, studios and common spaces, while the roof terraces – veritable plots of land – distribute residential studios, into an artists' housing estate. On the south side, white reflecting walls diffuse natural light towards the walls on the north side.
The school takes the form of a suspended city. Cellars and attics, plinths and studios, but also the basin and the canal façades give the buildings meaning and a strong identity, forming a complex geography in which you can easily find your way, but where you can also get away from it all. Everyone can find a place to build a nest in these "trees" – an image that Christian de Portzamparc intended for this school concept, which draws on lessons learned in his work on the conservatory of the City of Music concerning the interplay between individuals and groups.

École des Beaux-Arts de la Ville de Paris Paris
Municipal School of Fine Arts

Au fond, accuser une architecture de formalisme est stupide. L'architecture est un travail formel. Ce que l'on peut dire, c'est qu'il y a des mauvaises formes partout, souvent, mais que ce sont presque toujours des formes qui sont inconscientes de l'espace plus général dans lequel elles agissent : l'architecture, ce n'est pas bibelots, cafetières, ni sculptures. Une certaine modernité a fait des ravages en poussant chaque bâtiment à vouloir être un morceau de jamais-vu formel. Mais je ne reprendrais pas contre cela les théories néoclassiques de l'effacement total du créateur au profit d'un langage, du perfectionnement indéfini de quelques types architecturaux. Et je ne crois pas non plus à la dilution de l'architecture dans le vernaculaire. Il y a seulement des cultures particulières et universelles qu'il faut sentir ensemble. Et, à partir du moment où l'on est conscient de la fragilité de cette forme plurielle qu'est l'espace de la ville, il faut savoir aussi ne pas l'embaumer, savoir la cicatriser parfois mais plus souvent la relancer, la structurer et aussi la faire jouir, la faire vivre. – «Penser l'espace», entretien avec François et Olivier Chaslin, *Christian de Portzamparc*, Éditions Ifa/electa Moniteur, Paris, 1984.

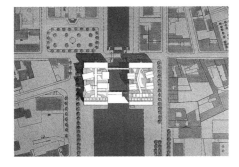

Ce projet se situe sur le bassin de la Villette, immense et pur rectangle d'eau borné à une extrémité par la fameuse Rotonde de Ledoux et à l'autre par deux grands pavillons d'entrepôts qu'il doit remplacer. Le programme bien pensé prévoit deux cycles distincts de part et d'autre du canal.
Le projet est constitué par la superposition de deux ordres : des bâtiments-socles compacts restituent l'alignement des rues et abritent tous les amphis, bibliothèques, ateliers et locaux communs, tandis qu'au-dessus, les toits-terrasse des socles sont de véritables terrains artificiels où sont disposés les ateliers-résidences, distribués en une cité d'artistes. Leurs faces sud sont blanches, réfléchissantes, et diffusent la lumière naturelle vers les faces nord, en vis-à-vis.

L'école se présente comme une cité suspendue. Caves et greniers, socles et ateliers, mais aussi le côté bassin et le côté canal font que ces bâtiments ont un sens, une polarisation forte. Ceci permet une multiplicité de territoires qui forment une géographie complexe dans laquelle on se retrouve facilement mais où l'on peut aussi s'isoler. Chacun y trouve sa place, et fait son nid dans ces « arbres ». Voilà en fait l'image que Christian de Portzamparc a cherché pour construire cette idée d'école qui a tiré toute l'expérience du jeu individus-collectivités apprise avec le conservatoire de la Cité de la musique.

Paris, Municipal School of Fine Arts
1991
Bassin de la Villette, Quai de la Seine / Quai de la Loire, Paris, 19th district
Competition organized by the City of Paris
Project selected with those of P.Berger and H.Gaudin, shelved since
Architect: Christian de Portzamparc
Assistant architects: Marie-Elizabeth Nicoleau, François Chochon
Program: Amphitheatres, workshops, classrooms, refectory, accommodation
Surface area: 15,000 sq.m.

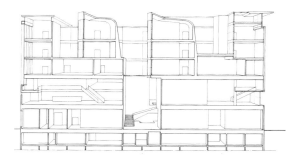

Section / Coupe

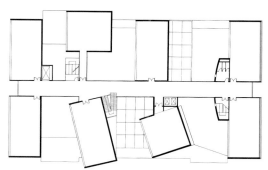

5th floor / 5e étage

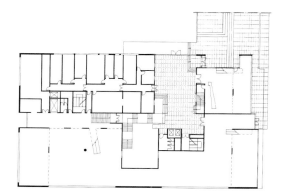

1st floor / 1er étage

0   10

View from the Canal de l'Ourcq / Vue du Canal de l'Ourcq

Lateral façade / Façade latérale

There's no longer a shared style of architecture capable of generating unity. This is a problem. We have to accept the heterogeneous and transform it into something positive. Once we realize this, style and vocabularies become less decisive than the inspired treatment of space. Today's city is a universe with its various poles and overlapping harmonies. Faceless fragments, redeemed by operations that inject more truth, more qualities than the *tabula rasa*. Different buildings have to "work" together. [...] It is space that can bring them together and generate continuity. With space, objects can at times take on surprising qualities. Lastly, I know this has nothing to do with words. The only way to transmit thought in space is by creating spaces you can feel, by which one can be moved. – "Penser l'espace", interview with François and Olivier Chaslin, *Christian de Portzamparc*, Éditions Ifa/Electa Moniteur, Paris 1984.

Christian de Portzamparc wanted this school of architecture for 1200 students to to be an eye-opener, a lesson in perception as much as in reasoning, generating a multiplicity of spatial sensations in its construction and materials. A space modulating the relationship between the individual and the many, on the basis of experience acquired with the La Villette Conservatory.
Set alongside woods at Marne, the school subdivides into three islands generating three different atmospheres, three spaces in sequence: a forecourt entrance, a courtyard-cloister-pool, and an existing thick oak wood, forming a dense cloud of foliage between two islands crossed by glazed footbridges. This transverse "cut-out" finds a lengthwise counterpart : as with the School of Fine Arts project in Paris, the islands take the form of plinths housing the school's shared premises, while the superstructures contain studios.
Stone, metal, glass and concrete constitute the three successive motifs which each island uses for its construction, each with its own specific pattern of voids and solids : the classical space of the courtyard or central void; the fluid, unlimited three-dimensional space of the 20th century; and perforated space, in which voids and solids entertain reversible relations.

École d'architecture Marne-la-Vallée
School of Architecture

Aujourd'hui, il n'y a plus de style commun [d'architectures de l'époque] qui engendre naturellement des ensembles. C'est une difficulté. Nous devons assumer l'hétérogénéité, la transformer en valeur positive. Dès lors, ce n'est plus le style ou le vocabulaire qui est déterminant, c'est le travail sur l'espace, un travail inspiré. C'est cela la ville d'aujourd'hui : un univers multipolaire, des télescopages d'harmonie. Des morceaux sans qualité, informes, rachetés par des interventions qui donneront parfois plus de vérité au tout, plus de qualité que des urbanisations *tabula rasa*. Il faut que des bâtiments différents «travaillent» ensemble. [...] C'est l'espace qui doit être fédérateur, générateur d'une continuité. S'il prend corps, les objets peuvent adopter des singularités parfois étonnantes. Enfin, je le sais, rien de tout cela ne tient dans les mots : la seule transmission d'une pensée de l'espace se fait à travers la création d'espaces que l'on puisse ressentir, dont on puisse être ému. – « Penser l'espace », entretien avec François et Olivier Chaslin, *Christian de Portzamparc*, Éditions Ifa/Electa Moniteur, Paris, 1984.

Christian de Portzamparc voulait que cette école d'architecture, prévue pour 1200 étudiants, éveille le regard, apprenne la perception autant que le raisonnement, démultiplie les sensations spatiales, dans son bâti les approches de la construction et des matériaux. Un espace qui mette en forme les relations de l'individu au grand nombre à travers une modulation des groupes et des lieux selon l'expérience acquise avec le conservatoire de la Villette.
Installée le long des bois à Marne, l'école est subdivisée en trois îles qui créent trois atmosphères et incluent en séquences trois espaces : un parvis d'entrée, une cour-cloître-bassin et le bois de chênes épais existant et préservé comme un nuage épais de feuilles entre deux îles que des passerelles vitrées traversent.
À ce découpage transversal s'ajoute un découpage longitudinal : chaque île est, comme pour l'École des beaux-arts à Paris, formée d'un socle de locaux communs à toute l'école, et d'une superstructure de studios. Appareillage minéral, assemblage métallique, moulage béton et verre sont les trois thèmes successifs que chaque île utilise pour sa construction tandis que chacune procède de son schéma de répartition des vides et des pleins :
- l'espace classique de la cour, du vide central
- l'espace fluide tridimensionnel et illimité du XXe siècle
- l'espace du gruyère où vides et pleins ont une relation réversible.

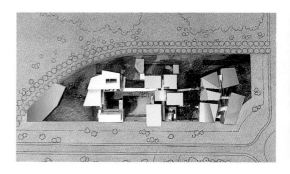

Marne-la-Vallée, School of Architecture
1995
Cité Descartes, Champs-sur-Marne
Competition organized by the French Ministry of Housing and Public Works and Epamarne
Non-selected project
Architect: Christian de Portzamparc
Assistant architects: Julie Howard, Olivier Souquet
Engineering consultants: ATEC
Program: 500 students (subsequently 1200), workshops, classrooms, refectory, offices
Surface area: 14,480 sq.m.

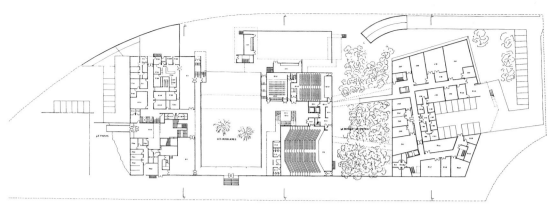

Ground floor/Rez-de-chaussée   0   10

Islands, basin cloister, existing grove / Les îles, le cloître-bassin, le bosquet existant

Island III / Île III

The entrance / L'entrée

My designs occupy a middle-ground between what can and cannot be said. Talking forces you to explain what you think, it's a form of intellectual midwifery. It's not a matter of multiplying references, but of getting the opinion of the student, the doorman, the visitor, the music lover. Thus discovering what produces happiness or anguish, what remains enigmatic or even disquieting. We need "gulfs of shade" to counter brightly-lit spaces. Talking orders my thoughts on two levels: that of my intentions, and that which relates to the objective qualities that determine form, methods of construction, and so on. Talking enables me to say that such and such an assembly has good reasons to exist – from the point of view of acoustics, economics, light, readability… But it also enables me to pinpoint choices that can't be explained. I would call these "chance events" (to avoid invoking the "genius" of the romantics), but one has to be aware that only combinations of chance and necessity are likely to create happiness. […]

At the southern entrance to the park of La Villette, the City of Music comprises two complementary yet highly differentiated wings that face each other on either side of the Grande Halle. To the West is the conservatory of music; to the East, a complex of public spaces comprising a concert hall, a museum of music, rehearsal rooms and administrative offices. The whole forms a unique complex devoted to music and dance and extending the sphere of influence of the National Conservatory.
The West Wing presents an incurved white façade punctuated at regular intervals with transparent features reflected in a waterfront. This block pursues the alignments of the long avenue Jean-Jaurès, while the freer Eastern wing takes the form of a large triangle open to the park.
From the first, Portzamparc undermined the axis of the Grande Halle and created a dissymetry to play down the emphatic nature of this approach to the park. The two wings together define a vast triangular figure extending the static axis of the Grande Halle and opening out onto the dynamic axis of the park with its distant view of the Géode. The West and East wings, the Grande Halle, park and its folies are all linked together.
The interiors of the City obey a single principle: the opaque volumes, which are highly differentiated in form and size, are bound together by transparent volumes, fissures of light that work as an interstitial fabric. The circulations and meeting points are either completely of glass or open-air. Despite the density of the programme, light and views are thus omnipresent.
The City is a living, fluid, plural place, whose architecture can be, "travelled" in a single sweeping glance. And it is precisely this sequencing, with its durations, discontinuities and happy discoveries, that makes the architecture a musical event.
Architecture is here an art of movement, devoted to sound.

Cité de la Musique Paris
City of Music

Je projette, entre ce qui peut se dire et ce qui ne peut pas se dire, que je passe au crible. Parler oblige à s'expliquer, c'est une forme de maïeutique. Il ne s'agit pas de faire intervenir des références, mais de parler le point de vue de l'étudiant du conservatoire, de la concierge, du visiteur, du mélomane. Cela pour découvrir ce qui produit du bonheur ou de l'angoisse, ou bien reste énigmatique voire inquiétant. Il faut des « golfes d'ombres » pour contrer des endroits lumineux. Ainsi, en parlant, je mets de l'ordre dans deux registres : ce qui participe du délibéré, de la volonté personnelle, et ce qui renvoie à des qualités objectives déterminant la forme, le mode de construction, etc. Parler me permet de dire que tel ou tel assemblage a plusieurs bonnes raisons d'exister – acoustiques, économiques, lumineuses, de lisibilité… Et de cerner, *a contrario*, les choix qui ne s'expliquent pas. Je les nommerais volontiers « hasards » pour éviter la problématique romantique du « génie », tout en sachant que c'est l'association entre ces hasards et les nécessités qui seule est susceptible de créer le bonheur. […]

À l'entrée sud du Parc de la Villette, la Cité de la musique est formée de deux grandes ailes très différentes qui s'opposent et se complètent, de part et d'autre de la Grande Halle. À l'ouest se trouvent tous les lieux réservés à l'enseignement et les classes publiques, à l'est l'ensemble des espaces ouverts au public : salles de concert, musée de l'instrument, salles de répétition. Le tout forme un rassemblement unique de lieux voués à la musique et à la danse qui dépasse le rayonnement du Conservatoire national.
La partie ouest présente une grande façade incurvée, blanche, rythmée régulièrement de transparences, qui se reflète dans un plan d'eau. Cet ensemble vient conclure les gabarits de la longue avenue Jean-Jaurès. L'aile est, plus libre de ses attaches urbaines, s'ouvre vers le parc en un vaste triangle.
D'emblée, Christian de Portzamparc a déjoué l'axe de la Grande Halle et a créé une dissymétrie pour éviter une composition emphatique de cette vaste entrée du Parc de la Villette. Entre les deux ailes de la Cité, un grand espace triangulaire est construit sur une figure qui reprend l'axe statique de la Halle et s'ouvre sur l'axe dynamique du parc et la vue lointaine vers la Géode. Cité ouest et est, Grande Halle, Parc et Folies, Cité des Sciences au loin sont en communication.

Dans la conception des espaces intérieurs de toute la Cité, un même principe est à l'œuvre : tous les volumes opaques, de dimensions et formes très diverses que sont les enveloppes acoustiques des lieux de musique, côtoient des volumes transparents, des failles de lumière qui les lient comme un tissu interstitiel.
Ce sont les lieux de circulation et de rencontre, totalement vitrés ou à ciel ouvert. Ainsi, malgré la densité du programme, la lumière et les vues sur l'extérieur sont partout présentes.
Il s'agit d'une cité, vivante, fluide, plurielle, d'une architecture qui se parcourt, que l'on ne peut saisir en un seul regard. Et c'est précisément dans cette expérience du parcours, de la durée donc, de ses séquences, de ses ruptures et de ses découvertes que l'architecture rejoint l'expérience musicale.
Ici l'architecture est un art du mouvement, et elle est faite pour le son.

Paris, City of Music
1984-1995
Avenue Jean Jaurès, Paris, 19th district
Competition
Prizewinning project, executed
Architect: Christian de Portzamparc
Assistant architects: François Barberot, Olivier Blaise, Frédéric Borel, Francois Chochon, Nadine Clément, Catherine Hervé, Florent Léonhardt, Etienne Pierrès.
Client: French Ministry of Culture and Communication, EPPV
Developer: Établissement Public du Parc de la Villette (EPPV)
Total surface area: 80,000 sq.m.

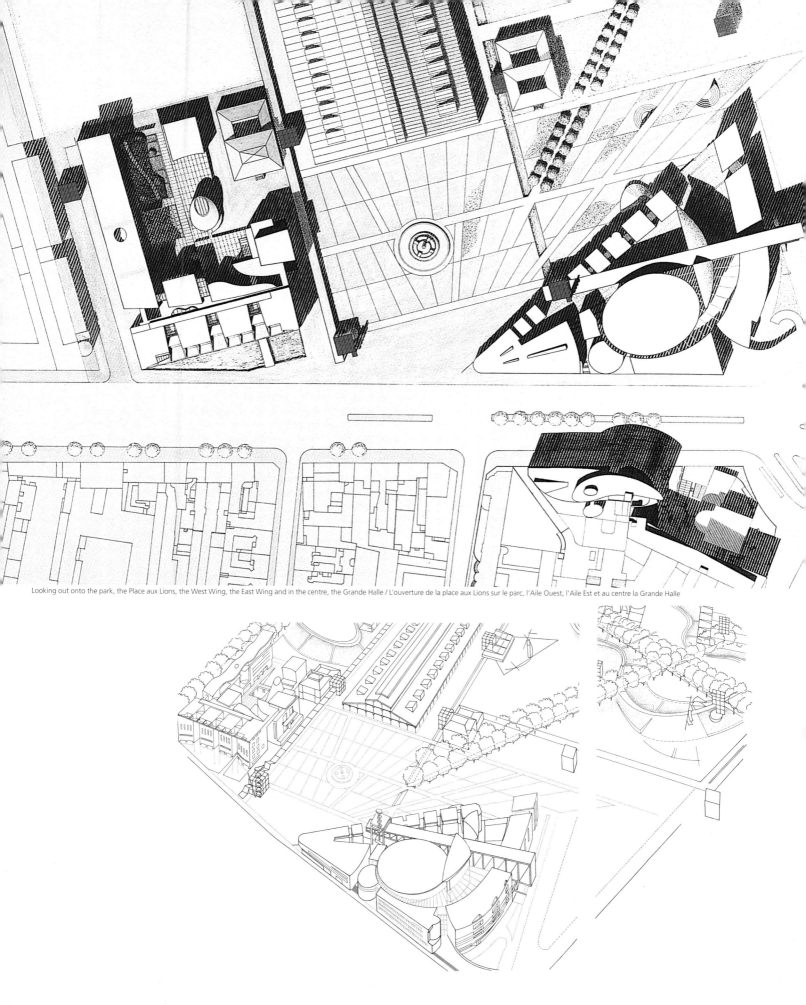

Looking out onto the park, the Place aux Lions, the West Wing, the East Wing and in the centre, the Grande Halle / L'ouverture de la place aux Lions sur le parc, l'Aile Ouest, l'Aile Est et au centre la Grande Halle

Lastly, I can see that this recurrent aspect of my work – say, construction by discrete elements – here finds a new *raison d'être*. In Les Hautes Formes, the approach generates an in-between, an inside-outside space. In the Dance School, it subdivides the students' day into three states, three movements, three places. At the Conservatory, and the West wing of the City of Music, it creates a fluid network of movements (luminous, visual and acoustic) between distinct envelopes of sound. Fluidity, the labyrinth, but also programmatic "openness". If such different causes can produce the same result, it may be that the essential cause has remained hidden.

– "Fragment d'un discours amoureux", interview with Jean-Pierre Le Dantec, *Techniques et architecture,* n°406, February-March 1993.

City of Music West houses teaching premises in an exceptional concentration of different rooms. Almost 1500 people work together here and the conception of the building is an attempt to find a place for all. Despite the state-of-the-art soundproofing, large numbers can circulate without generating claustrophobia or vertigo. The rooms are grouped into discrete sub-sets linked together by meeting places and open hallways which are well-lit, flowing and resonant.

The West wing divides into two large families of space: the study areas situated on the upper floors, i.e. a large number of small and medium-sized rooms (studios, study rooms, listening areas, media library, offices); and the large spaces, whether open to the public or not (concert hall, interdisciplinary studio, organ room, orchestra room, jazz room) all occupy a sunken level set at the heart of the site, surrounding a cloister and a garden.

This solution decongested the site and satisfied Draconian acoustic requirement, which precluded certain superimpositions.

The building divides into four north-south spans separated by corridors of light, forming a boulevard front on the South side. The four buildings are brought together by a large inclined wall which forms an acoustic chield for the upper floors.

The western span wing is a long continuous band housing the media library, the gymnasium, and student housing. It is topped by a large undulating roof. The eastern span, facing the fountain, houses the dance building. Between the dance and study rooms, a transparent cleft marks the entrance to the public spaces. Unlike these calm exteriors, the inner court discovers contrasting architectural events and the spatial effects of music: From the patio/garden emerges the conical form of the organ room and that of the backstage premises. A colourful, structural sequence galvanized by the undulating west wing. In the middle, the large halls open onto a patio-garden. And thus, you forget that you are seven metres below the street level.

Cité de la Musique ouest Paris
City of Music west

Enfin, je vois que cette chose récurrente dans mon travail, disons, la construction par éléments séparés, a ici une nouvelle raison d'être. Aux Hautes Formes, elle a la vertu de constituer un entre-deux, un espace extérieur-intérieur. À l'École de danse, de subdiviser le temps du quotidien des élèves en trois états, trois mouvements, trois lieux. Au Conservatoire, dans la partie ouest de la Cité, elle permet, entre des enveloppes acoustiques distinctes, de créer le réseau fluide des circulations (fluidité lumineuse, visuelle et sonore aussi). Ici, il y a la fluidité, le labyrinthe, mais aussi cette «ouverture» programmatique. Si des causes si différentes produisent la même conséquence, on peut se demander si la cause essentielle n'est pas restée cachée. – «Fragment d'un discours amoureux», entretien avec Jean-Pierre Le Dantec, *Techniques et architecture*, n°406, février-mars1993.

La Cité de la musique Ouest abrite les lieux d'enseignement en une exceptionnelle concentration de salles toutes différentes ; près de mille cinq cents personnes travaillent là ensemble, et la conception du bâtiment cherche à donner sa place à chacun. Malgré les exigences d'isolement acoustique élevées, toute claustrophobie ou effet de vertige du grand nombre sont absents, les salles étant regroupées en sous-ensembles isolés, liées par des lieux de rencontre et de circulation ouverts, lumineux, fluides et sonores.

Cette partie ouest est constituée de deux grandes familles d'espaces : les lieux d'études, situés dans les étages, soit une grande quantité de salles moyennes et petites (studios, salles d'étude, espaces d'écoute, médiathèque, bureaux); les grandes salles ouvertes au public ou non (salle d'art lyrique, atelier interdisciplinaire, salle d'orgue, d'orchestre et de jazz), qui occupent une nappe basse, au cœur du terrain, de plain-pied autour d'un cloître et d'un jardin (à moins sept mètres.).

Cette solution a permis de décongestionner le site tout en répondant aux exigences d'isolement acoustique qui interdisaient certaines superpositions.

L'ensemble du bâtiment est divisé en quatre travées nord-sud séparées par des couloirs de lumière et formant, sur le côté sud, le front de boulevard. Ces quatre bâtiments sont unifiés par une grande paroi inclinée qui les couronne, protégeant acoustiquement les derniers étages. La travée ouest présente un long volume continu qui abrite la médiathèque, le gymnase, les logements des étudiants. Elle est recouverte d'une grande toiture ondulante. La travée est, tournée vers la «Fontaine aux lions», abrite le bâtiment «Danse». Entre les salles de danse et les salles d'étude, une faille transparente marque l'entrée des salles publiques.

À l'opposé de ces extérieurs calmes, une cour intérieure est le lieu d'événements architecturaux contrastés, ouverts aux spatialisations de musique : patio, jardin. Émergent le volume conique de la salle d'orgue et celui de la cage de scène.

C'est une suite colorée, et structurale, rassemblée sous la grande ondulation de l'aile ouest. Au cœur, les grandes salles s'ouvrent autour d'un patio-jardin; ainsi, on oublie totalement que l'on est à sept mètres sous le niveau de la rue.

Paris, City of Music West: National Higher Conservatory of Music of the City of Paris
1984-1990
209, Avenue Jean Jaurès, Paris, 19th district
Architect: Christian de Portzamparc
Project managers: Bertrand Beau, François Chochon, Jean-François Limet
Engineering consultants: SODETEG
Economist: sogelerg
Acoustics: Commins bbm
Scenography: Jacques Dubreuil
Lighting engineer: Jean Clair
Artists: Christian Boltansky, Pierre Buraglio, Aurélie Nemours, Georges Noël, Yann de Portzamparc, Antonio Semerano
Client: French Ministry of Culture and Communication, eppv
Developer: Établissement Public du Parc de la Villette (eppv)
Program: 66 teaching rooms andt 3 examination and competition rooms, three 50-seat amphitheatres, 100 rehearsal rooms, seven orchestra sets, electro-acoustic auditorium and media centre, audiovisual centre, three public auditoriums, fifty-three student housing units, gymnasium, restaurant-cafeteria, offices, car park
Furniture and fittings: Elizabeth de Portzamparc, Christian de Portzamparc
Surface area: 40,000 sq.m.

Transparencies along the avenue
Sur l'avenue, les transparences

Free drawings punctuate my architectural work as antithetical breathing spaces. Gradually, they have probably contaminated my buildings. The City of Music is a mixture of rigour and intuition. And perhaps it's the painter in me that manages to transcend the form-function debate and tackle the question of form differently. What I bring out in my work is the fact that there's never only one possible answer, never only one form for a function, and that, reciprocally, no place or form should have a single use, a single meaning. I freely but precisely interrelate forms and functions, constraints and places. This method implies that the spatial or formal concept must always enrich and exceed the functional programme. [...]

I long opted to restrain the effects of materials and colours, instead privileging lines and dimensions. It was part of my apprenticeship. Today, my buildings are tactile and colourful, especially the City of Music, its inside-outside spaces. And basic white turns these apparitions into as many events...

– Interview with Jean-Louis Froment, *Connaissance des arts*, March 1991.

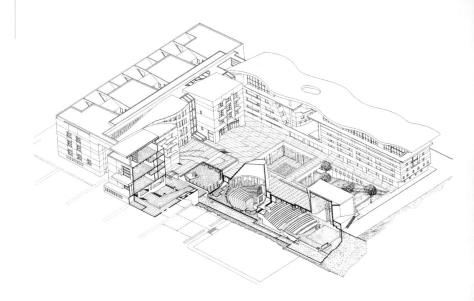

Overall axonometric. Cross-section of the public auditorium
Axonométrie générale. Coupes sur les salles publiques

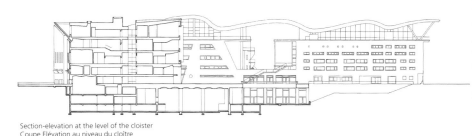

Section-elevation at the level of the cloister
Coupe Elévation au niveau du cloître

Des dessins libres ont jalonné, comme des antithèses, des respirations, mon travail d'architecte. Ils ont probablement peu à peu contaminé les constructions. Dans cette cité, j'arrive à un bon aller-retour entre rigueur et intuition; et peut-être est-ce le peintre en moi qui parvient à bien dépasser le débat formalisme-fonctionnalisme, à poser autrement la question de la forme. Ce que je fais émerger dans mon travail, c'est qu'il n'y a jamais une seule réponse possible, une seule forme juste pour une fonction, et que, réciproquement, aucun lieu et aucune forme ne doit avoir un seul usage, un seul sens. Je mets en relation des formes et des fonctions, des contraintes et des lieux, dans un jeu précis et libre à la fois. La méthode est que le concept spatial ou formel doit toujours enrichir, dépasser le programme fonctionnel. [...]

J'ai longtemps choisi dans mes constructions de limiter les effets de matières, de couleurs, pour maîtriser les dimensions, les lignes, leur donner leur plénitude. Sorte d'apprentissage de mon métier. Maintenant, le tactile, la couleur, les matières diverses apparaissent, notamment dans cette cité, dans les intérieurs-extérieurs. Et le blanc de base générale permet de faire de ces apparitions autant d'événements... – Entretien avec Jean-Louis Froment, *Connaissance des arts*, mars 1991.

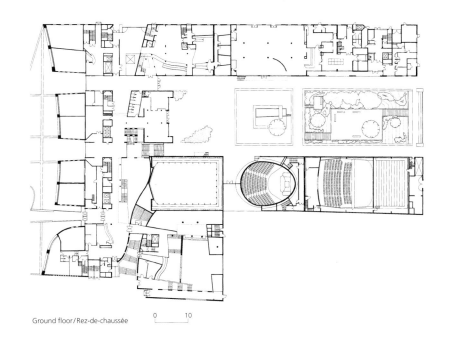

Ground floor / Rez-de-chaussée

0   10

From the Place aux Lions, the dance building. To the right, the organ room /
Sur la place aux Lions, le bâtiment de danse. À droite, la salle d'orgue

At the heart of the Conservatory, a patio
garden 7 meters below street level /
Au cœur du Conservatoire, un jardin patio à
7 mètres au-dessous du niveau de la rue

Below the entrance, the students' foyer / Au bas de l'entrée, le foyer des étudiants

Between silent studios buildings, open, fluid, echoing circulations
Entre les bâtiments de studios silencieux, les circulations ouvertes, fluides, sonores

The public foyer / Le foyer du public

Music studio / Studio de musique

Dance studio / Studio de danse

Choral room / La salle d'art lyrique

Organ room / Salle d'orgue

Cone of the organ room
and flies of the choral room
Le cône de la salle d'orgue
et la cage de scène de la salle d'art lyrique

Gymnasium beneath the wave
Le gymnase situé sous la vague

The loggia let light into the patio garden from the West / La loge laissant pénétrer la lumière de l'ouest dans le jardin-patio

A music studio. The wall configuration avoids parallels for acoustic restitution
Un studio de musique. Le jeu de parois évite partout les parallélismes pour assurer le rendu acoustique

I've always thought of architecture as an experience of discovery and movement. I like places that are difficult to see and preclude immediate understanding. As in music, perception is bound up with itineraries and duration. This is the opposite of the classical ideal, which the Renaissance architect Sebastiano Serlio summed up in his analysis of Ancy-le-Franc: "The most beautiful buildings are those whose plan can be understood from the outside". It's precisely the reverse that interested me in the City of Music. I wasn't looking to build a labyrinth, but rather to balance landmarks and surprises, linking contrasting experiences which, in perception, follow on from one another and communicate a kind of euphoria to those living in the building. These notions of itinerary, duration, space and contrasting emotions are fundamental for me, and naturally take me back to music. Music concentrates an impressive, primordial energy. It's no coincidence that the word "inspiration" refers to breathing, and thus to singing. – Interview with Alain Guiheux and Alain Galliari, *Résonance*, n° 8, March 1995.

The National Conservatory for Advanced Studies in Music and Dance, to the East, brings together a series of highly varied projects in nothing less than a small city formed by differing volumes within which people walk about: concert halls, the Museum of Music, the organology centre, amphitheatre, students' residences, Teaching Institute, offices and head office of the Ensemble Intercontemporain, rehearsal rooms, shops specializing in music, and the music café. Each programme gives rise to a particular form and all these distinct volumes are set in and fit into an overall geometry, the main organizing principle which unifies all these volumes, where each different height has found its place.
The Concert Hall (800 to 1200 seats)

is in the heart of the triangle formed by the overall volumetry of the East Cité. Its volume, an elliptical cone, dovetailed in an elliptical cylinder, forms the epicentre of a vast spiral movement, where we find the foyer, lit by a long glass roof.
In a concentric movement round the shell, a series of volumes unfolds on three to five different levels : reception area for the musicians, rehearsal rooms, offices of the Ensemble Intercontemporain, student accommodation, organological centre.
A covered gallery beneath a long metal girder runs the whole length of the wing, defining a labyrinthine promenade from the concert hall to the Museum of Music.

Cité de la Musique est Paris
City of Music east

J'ai toujours perçu l'architecture comme une expérience de la découverte et du mouvement. J'aime les lieux qui ne se donnent pas à voir ni à comprendre immédiatement. Comme en musique, la perception est liée alors au parcours et à la durée. C'est l'opposé de l'idéal classique, que l'architecte de la Renaissance Sebastiano Serlio résumait parfaitement en disant, à propos d'Ancy-le-Franc : « Le plus beau bâtiment est celui dont on comprend d'emblée de l'extérieur tout le plan ». C'est précisément l'inverse qui m'intéresse dans la Cité de la musique. Il ne s'agit pas de construire un labyrinthe, mais plutôt d'équilibrer les repères et les surprises, d'enchaîner des expériences contrastées qui, dans la perception, vont se succéder et communiquer une sorte d'euphorie à vivre à l'intérieur du bâtiment. Ces notions de parcours, de durée, d'espace et d'expériences émotionnelles contrastées sont pour moi fondamentales, et me ramènent naturellement à la musique. La musique concentre en elle-même une sorte d'énergie primordiale impressionnante. Ce n'est pas un hasard si ce mot inspiration renvoie au souffle, et donc au chant. – Entretien avec Alain Guiheux et Alain Galliari, *Résonance*, n° 8, mars 1995.

Le Conservatoire national supérieur de musique et de danse, à l'est, réunit une série de programmes très variés en une véritable petite ville formée de volumes divers au sein desquels on se promène : salles de concerts, musée de la musique, centre d'organologie, amphithéâtre, résidence d'étudiants, institut de pédagogie, bureau et siège de l'Ensemble intercontemporain, salles de répétition, commerces voués à la musique, café de la musique.
Chaque programme donne lieu à une forme particulière et tous ces volumes distincts s'installent en une géométrie d'ensemble, principe ordonnateur qui unifie toutes ces volumétries, chaque hauteur distincte ayant trouvé sa place.
La salle des concerts (de 800 à 1200 places) s'inscrit au cœur du

triangle développé par la volumétrie d'ensemble de la Cité Est.
Son volume, un cône elliptique imbriqué dans un cylindre elliptique, constitue l'épicentre d'un vaste mouvement en spirale, où se développe le foyer éclairé par une longue verrière.
De manière concentrique autour de cette conque s'enroule une suite de volumes bâtis sur trois à cinq niveaux (accueil des musiciens, salles de répétition, bureaux de l'Ensemble intercontemporain, résidence pour étudiants musiciens, locaux du centre d'organologie).
Une rue-galerie abritée par une longue poutre de métal traverse toute la Cité Est, elle forme une promenade labyrinthique vers la salle des concerts et le musée de la musique.

The East Wing / L'aile Est

Entrance from the square
L'entrée de la place

Access / L'accès

Auditorium from the reception area
De l'accueil vers la grande salle

Our lives are inextricably bound up with the many places that haunt our memory, build our present and project us into the future [...] All biographies are architectures, provided that we broaden the notion of architecture to include space and landscape. If we accept this, it's obvious that places carry an emotive charge equivalent to that of music. But music is like a burn, a powerfully felt event, whereas our relationship to space is calmer and more quotidian. [...] The fact is that the emotion triggered by spaces is masked by all manner of contingencies. In the long run, the habit of place dilutes its sensations. Music is on a par with emotion, unencumbered by habit, economy and the burden of space. It is wonderfully free of contingency. Apparently, its rules are intrinsic to it. That is the great lesson of music, and the architect who, encumbered by the material and technical difficulties of his craft, is always liable to lose sight of the poetics of space, should bear this in mind. – Interview with Alain Guiheux and Alain Galliari, *Résonance*, n°8, March 1995.

Paris, City of Music East
1984-1995
221/223, avenue Jean-Jaurès, Paris, 19th district
Architect: Christian de Portzamparc
Project managers: François Barberot, Bertrand Beau, Benoît Juret
Engineering consultants: SODETEG
Economist: SOGELERG
Acoustics: Commins BBM, ACV, XU Acoustique
Scenography: Jacques Dubreuil, Jacques Leconte
Lighting engineer: Gérald Karlikoff
Artists: Louis Dandrel, Yann de Portzamparc
Client: French Ministry of Culture and Communication, EPPV
Developer: Établissement Public du Parc de la Villette (EPPV)
Program: polyvalent 1,200-seat auditorium, 240-seat amphitheatre equipped with Baroque organ, 3 rehearsal studios, Museum of Music, Institute of Music and Choreography, Music and Dance Information Centre, music room for Gamelan, musical street, Public Office of the City of Music, SACEM, Music Café, car park
Surface area: 40,000 sq.m.

STUDIES FOR THE MUSÉE DE LA MUSIQUE (interrupted)
Project manager: Florent Léonhardt

ORGAN OF THE CITY OF MUSIC
Project manager: François Barberot
Artist: Yann de Portzamparc

CIRCULATIONS
Furniture and fittings: Christian de Portzamparc

ARCHITECTURE OF EXHIBITION SPACES IN THE MUSEUM
Project design: Franck Hammoutène

INTERIORS OF MUSIC CAFÉ
Project design: Elizabeth de Portzamparc

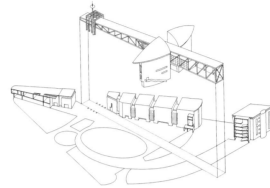

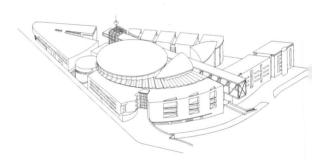

Notre vie est indissociablement liée aux multiples lieux qui hantent notre mémoire, construisent notre présent ou nous projettent vers l'avenir. [...] Toutes les biographies sont des architectures, à condition d'élargir la notion d'architecture à celle, plus globale, d'espace et de paysage. À partir de là, il est évident que le pouvoir émotionnel des lieux est d'une force équivalente à celui de la musique. Mais la musique est comme une brûlure, un événement ponctuel puissamment ressenti, tandis que la relation à l'espace est plus quotidienne et plus calme. [...] Il se trouve simplement que l'émotion que nous procure un espace est recouverte de toutes sortes de contingences simultanées. À la longue, la pratique d'un lieu, sa quotidienneté, dilue la sensation. La musique, elle, est de plain-pied avec l'émotion : elle n'est pas encombrée de la pratique, de l'économie, ni du poids matériel de l'espace. Elle est merveilleusement libre de contingences : les règles lui sont intrinsèques, en apparence. C'est la grande leçon de musique et c'est ce dont l'architecte doit se souvenir qui, dans la lourdeur matérielle et technique de son métier, est toujours menacé de perdre de vue la poétique de l'espace. – Entretien avec Alain Guiheux et Alain Galliari, *Résonance*, n°8, mars 1995.

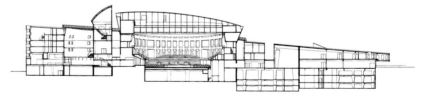

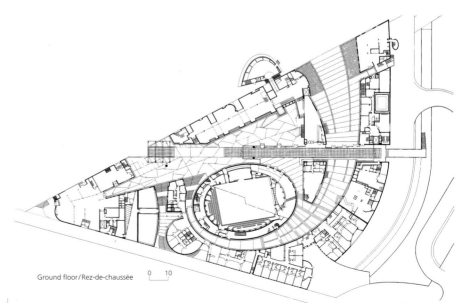

Ground floor / Rez-de-chaussée   0   10

The great foyer
Le grand foyer

Museum blocks from the reception area
Depuis l'accueil, les bâtiments du musée

Entering the Concert Hall / L'entrée de la grande salle

The Concert Hall / La grande salle de concerts

A rehearsal room
Une salle de répétition

The museum amphitheatre and its Baroque organ
L'amphithéâtre du musée et son orgue baroque

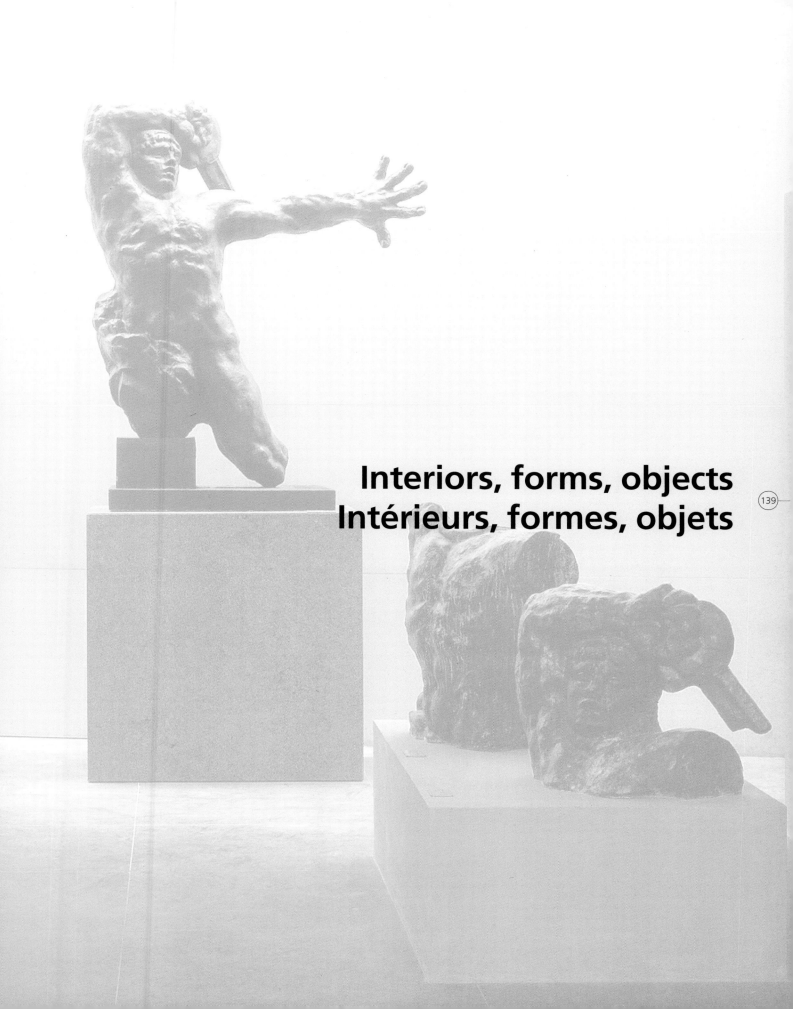

Interiors, forms, objects
Intérieurs, formes, objets

Suzy Wong, 1985

The shift was from space to the object, from the void to material form, from buildings to furniture. [...]
Though originally "occasional" poems, specific objects, furniture can later move and adapt to other situations. [...]
The plasticity of things is not formal but spiritual, mental. [...]
– *Design et Architecture: un dialogue*, Éditions Citroën Galerie, 1991.

Furniture
Mobilier

J'ai été de l'espace vers l'objet, du vide vers la nature et de l'immeuble vers le meuble. [...]
Poème de circonstance, objets spécifiques d'abord, ces meubles vont ensuite pouvoir voyager et s'adapter à d'autres situations. [...]
L'être plastique des choses n'est pas d'abord formel mais spirituel, pourrait-on dire, mental. [...] – *Design et Architecture : un dialogue*, Éditions Citroën Galerie, 1991.

Ungaro furniture / Mobilier Ungaro, 1989

Mercury lighting unit / Luminaire Mercure, 1989

Boxes / Boîtes, 1989

Bandar-Log, 1990

Carpet / Tapis. Le rouge et le blanc, 1988

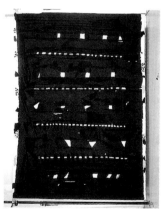

Carpet / Tapis. Nikka, 1989

Indian bench seat / Banquette indienne, 1990

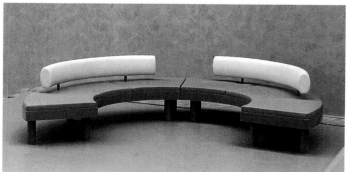

Benches City of Music foyer / Banquettes du foyer de la cité de la musique, 1994

Show cases / Les meubles-présentoirs, 1994

Exalting a wider dimension so as to create, by way of contrast, an idea of intimacy. Here I worked as before, using habitual architectural language: dimensions, structure, proportion, materials, and so on. The only essential difference was the scale. As if you used a microscope, every square cm is magnified and becomes more important. But the end, the question of communication, the encounter with the public is situated at quite another level. The scale of the details is implicitly tactile, sensory. [...] Basically you have to play around with one or two ideas. For instance the theme of a central, well-lit, shared, convivial, urban, semi-private space which recurs in several of my projects. A central space to be lived around. – Interview with Brigitte Fitoussi, *L'Architecture d'Aujourd'hui*, n° 251, June 1987.

"The café is a concentrated vision of city life: a public place, a meeting place, naturally. People gravitate here, it's always busy. But for me, it's also a place where you should be able to be alone… I designed the Beaubourg Café with this in mind. The principle is that the eye should be able to drift and move and look about, that you shouldn't feel fixed or trapped. You have to be able to choose between seeing and being seen on the one hand, and protecting yourself and hiding on the other."

The Café Beaubourg shoulders the combined loads of four buildings by means of a lozenge-like network of eight tapered columns which palliate the irregular shape of the buildings and define a large nave lined with aisles and balconies. The spiral, upward movement of the staircase and footbridge traverse the nave in a circular movement.

The public occupies the space between the centre and the sides. The social arena and the private haven, the pleasure of choosing where to sit and be at one with the world.

The stone wall is punctuated with rhythms and cadences, and the fresco at the end of the nave prolongs the resonant central space.

This place, formerly isolated and deserted in the evenings, has become a lively meeting place where people feel at ease. Some talk, others look, others work. That, too, is something architecture can contribute.

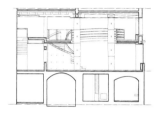

Café Beaubourg Paris

Exalter une grande dimension pour, en contraste, créer une notion d'intimité. J'ai procédé ici dans la continuité, travaillant de la même manière que pour mes autres projets, c'est-à-dire avec l'utilisation du langage d'architecte habituel : des dimensions, des constructions, des proportions, des matériaux, etc. Il n'y a pas eu de différence essentielle, si ce n'est l'échelle. C'est un peu comme si on prenait un microscope, chaque cm² est grossi, devient plus important. Au final, je m'aperçois toutefois que le frottement avec le public, la communication sont d'un tout autre registre. L'échelle même du détail implique un aspect sensoriel, tactile. [...] Au fond, il y a quelques idées autour desquelles on tourne. Comme par exemple le thème d'un espace central, lumineux, commun, convivial, urbain, semi-privé autour duquel on habite, commun à plusieurs de mes projets. Un espace central et habiter autour. – Entretien avec Brigitte Fitoussi, *L'Architecture d'Aujourd'hui*, n° 251, juin 1987.

« Ce café est un concentré de vie urbaine : lieu public, lieu de rencontres bien sûr. On s'y retrouve, il y a du monde. Mais pour moi, c'est aussi un lieu où l'on doit pouvoir être seul… J'ai fait le café Beaubourg en pensant à cela. Le principe est que le regard doit flotter et bouger, tourner, que l'on ne doit pas se sentir fixé, épinglé. Il faut pouvoir choisir entre voir, être vu ou se protéger, se cacher. »

Le café Beaubourg a été construit en réunissant et en reprenant les charges de quatre immeubles selon un réseau en losange de huit colonnes fuselées qui absorbe l'irrégularité des immeubles et installe une grande nef bordée de bas-côtés et de balcons. Le mouvement spiral et ascensionnel d'un escalier et d'une passerelle croisent cette nef en un travelling circulaire.

La vie publique se joue entre centre et côtés. Le théâtre social et le refuge individuel, l'intimité, le plaisir de choisir sa place et s'accorder au monde.

Christian de Portzamparc a inscrit ponctuations et rythmes dans le mur de pierre et peint une fresque au fond de la nef qui prolonge le vide de la respiration centrale.

Cet endroit qui était isolé, désert le soir, est devenu un lieu de rendez-vous extrêmement vivant où l'on se sent bien ; certains parlent, certains regardent, d'autres travaillent. C'est aussi cela que l'architecture peut apporter.

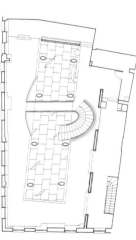

Mezzanine/Mezzanine

Paris, Café Beaubourg
1985
43, rue Saint Merri, Paris, 4th district
Commission
Executed project
Architect: Christian de Portzamparc
Assistant architects: Petr Opelik, John Coyle
Project manager: Bruno Barbot
Client: Gilbert Costes
Lighting engineer: Gérald Karlikoff
Program: a large café set in the meeting of Paris
Surface area: 530 sq.m.

Ground floor/Rez-de-chaussée

0   5

Progress has always striven to release man from the yoke of nature; it is logical, then, that in so doing, it should negate the importance of the body. But my work attempts to stress man's status as a subject of nature, in a state of constant sensory perception of his whole body. The immediate significance of colour then seems obvious to me. Those who perceive that they perceive and those who do not perceive – both are the subjects of architecture, and we are at times the one and at times the other.

I do not make a great distinction between colour and the notion of matter and material. Choices in all of these respects crop up throughout the entire project, from the first sketch to the building site. I use colour to make space brighter, more open, more rapid. And colour, this somewhat risky element, often brings the density of time into the constitution of a project, as it is often the result of a second or third or tenth stratum of reflection. The danger is that colour can add useless chatter… – "Color confessions by contemporary architects", *Daidalos*, March 1994.

The Ungaro boutique on Avenue Montaigne in Paris is the outcome of a meeting of minds between a couturier and an architect.
Christian de Portzamparc initially modelled a form suggesting the idea of a woman in motion. The boutique occupies 500 m² in a succession of rooms across which lines and lights invite movement.
The labyrinthine boutique is perceived through its floor mosaics as a series of discreet, intimate spaces. A network of black arrows set in white granite unifies the whole.
A central conch-shape space, delimited by two incurved metal walls, with burnt sienna wooden panels lining the walls and punctuated with cobalt, conveys the Ungaro feel for materials.
The elements of furniture – disymmetrical, oblique, held between two equilibria – generate movement. The mirror is an oversized psyche; the small table is an animal in movement; wooden logs… Alice's corner plays on different scales and monumentalizes familiar objects which are disproportionately enlarged…

Boutique Ungaro Paris

Le progrès a toujours eu pour objectif de libérer l'homme de l'asservissement à la nature ; il est par conséquent normal que l'homme en vienne à nier l'importance de son corps. Mon travail tente d'inscrire l'être humain dans l'univers naturel, d'éveiller un état constant de perception sensorielle du corps tout entier. La signification de la couleur me paraît relever directement de cette relation.

Ceux qui sont ouverts à tout le registre perceptif, comme ceux qui s'y dérobent, constituent le sujet même de l'architecture – et nous sommes l'un ou l'autre, selon le moment ou le lieu.

Je ne fais pas distinction radicale entre la notion de couleur et celle de matière ou de matériau. Les choix en ce domaine sont générés par le projet dans sa totalité ; de la première esquisse à l'édifice achevé. J'utilise la couleur pour rendre l'espace plus lumineux, plus ouvert, plus fluide, plus vif. Et la couleur n'est pas innocente – ni sans danger. Dans un lieu, elle a le pouvoir de transcrire l'épaisseur du temps de conception, car elle est bien souvent le résultat d'une seconde, d'une troisième ou d'une dixième strate de la réflexion. Le danger de la couleur étant qu'elle vienne ajouter des bavardages inutiles… – « Color confessions by contemporary architects », *Daidalos*, mars 1994.

La boutique Ungaro, avenue Montaigne à Paris, est issue de la rencontre d'un couturier et d'un architecte.
Christian de Portzamparc a commencé par modeler une forme, l'idée d'une femme en mouvement. La boutique s'installe sur 500 m² en plusieurs salles en séquence, où lignes et lumières invitent à avancer.
De forme labyrinthique, la boutique est perçue, par le jeu de la mosaïque au sol, comme composée de différents lieux avec un charme privé. Une trame de flèches noires dans le granit blanc unifie tous les espaces. Une conque centrale, délimitée par deux murs courbes de métal, un terre de sienne peint à la brosse sur des panneaux de bois tapissant les murs, ponctués de bleu de cobalt, traduisent l'esprit matière d'Ungaro.
Les meubles infléchissent le mouvement, penchés, asymétriques, suspendus entre deux équilibres ; le miroir, psyché surdimensionnée, la petite table évoquant la course de quelque animal, les billots de bois… Le coin d'Alice joue sur différentes échelles et monumentalise des objets familiers, démesurément agrandis…

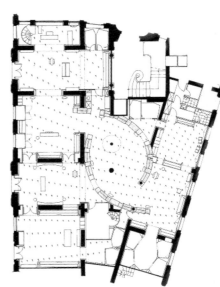

Boutiques Ungaro
1989
2, avenue Montaigne, Paris, 8th district
Commission
First boutique executed, Paris
Architect: Christian de Portzamparc
Assistant architects: Marie-Elisabeth Nicoleau, Sam Mays, John Coyle
Project manager: Bruno Barbot
Client: Emmanuel Ungaro
Program: redevelopment of boutiques of the fashion designer Emmanuel Ungaro in Paris, Hamburg, Hong Kong, London, Los Angeles, Tokyo, Tai Pei, Zurich…

0   5

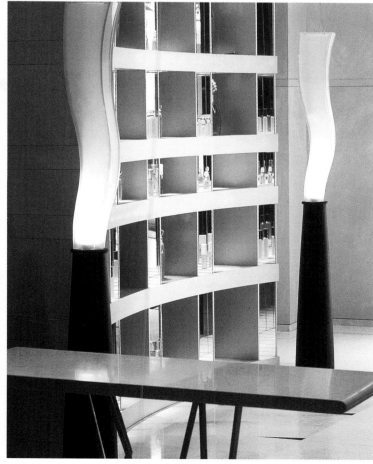

The history of western knowledge has proceeded from *topos* to *logos*, sensation to abstraction. Intelligence has to do with the Word, the apotheosis of language, with the recurrent notion that to be more abstract, virtual, conceptual, distancing the material and the sensory, is to be more intelligent, to "move with progress". But this is often a pose, a neurotic replaying of the history of the avant-gardes. The danger lies in forgetting, in the denial of the body. – *Scènes d'atelier*, interview with Richard Scoffier, Album for the Christian de Portzamparc exhibition, Éditions Centre Georges-Pompidou, 1996.

"Regardless of decorative, urban or architectural contingencies, the project endeavours to reveal Bourdelle in an absolute way, as one of the last leading lights, along with Rodin and Maillol, of that unique and continuous poem of statuary that began in the Peloponnese at the dawn of our civilization."
The brief was for the extension of the existing museum, comprising the sculptor's studio and a museum building designed by Gautreche in 1948. The extension is inserted between four gable ends within a city block, on terrain three metres lower than the existing structures. The spaces are top-lit. The visitors descend to the new sculpture rooms and climb up to the new drawing rooms, with the curator's premises above.
In this home for statuary, each sculpture finds its own space: base, backdrop, light, perspective. There is an interplay of levels and planes: white stone flooring to reflect the light diagonally and attenuate the effect of the top lighting, grey cement walls to absorb light and provide a backdrop for the bronze.
Although the ground floor had originally been intended as a temporary exhibition space, once the building was finished it was decided

to install permanent collections there. Portzamparc then installed a second architecture within the first, a succession of enclosures to demarcate a hundred different sculptures.
In this itinerary, which, in the end, breathes life into the academic concept of museum space, major works can be seen from a distance, in uncluttered spaces, while large numbers of Bourdelle's preliminary drafts and studies are concentrated together in a way that evokes the artist's studio. Each pedestal is adapted in size, shape and material, be it stone, cement, or untreated metal.

Extension du Musée Bourdelle Paris
Extension of the Musée Bourdelle

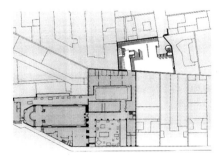

« Le projet s'attache à donner à voir Bourdelle, hors des contingences décoratives urbaines et architecturales, dans son absolu, comme un des derniers feux sans doute, avec Rodin et Maillol, de ce poème unique et continu de la statuaire commencé dans le Péloponnèse à l'aube de notre civilisation. »
Il s'agit d'une extension du musée existant. Ce dernier est formé de l'atelier du sculpteur et d'un bâtiment musée bâti par l'architecte Gautreche en 1948. L'extension se trouve insérée entre quatre murs pignons d'immeubles d'habitation, dans l'îlot, sur un terrain situé trois mètres en contrebas de l'existant.
Sa lumière est zénithale, le parcours du visiteur descend vers les nouvelles salles de sculpture et monte vers les nouvelles salles de dessin. Au-dessus sont installés des locaux pour le conservateur.
Dans cette architecture, habitat pour la statuaire, chaque sculpture trouve son espace : base, fond arrière, distance, lumière. C'est un jeu de plans : sol de pierre blanche pour réfléchir la lumière à l'oblique, atténuer l'effet de lumière zénithale, murs de ciment gris pour absorber la lumière, faire fond au bronze.

Alors que le rez-de-chaussée devait à l'origine être une salle d'exposition temporaire, il a été demandé une fois le bâtiment construit d'y installer des collections permanentes. C'est donc une deuxième architecture que Christian de Portzamparc a installé dans la première, formée d'enclos successifs pour éviter de mélanger cent sculptures.
Dans ce parcours qui finalement fait respirer la notion académique de salle de musée, les œuvres importantes sont visibles de loin, sur des perspectives dégagées, tandis que les études et pièces préparatoires nombreuses que faisait Bourdelle sont réunies entre les murs dans une concentration évoquant celle de l'atelier. Chaque socle s'adapte alors en dimension, en forme, en matière, qu'elle soit de pierre, de ciment, de métal brut.

Paris, Extension of the Bourdelle Museum
1988-1990
15, rue Antoine Bourdelle, Paris, 15th district
Competition
Executed project
Architect: Christian de Portzamparc
Assistant architects: Richard Scoffier, Bruno Barbot
Project manager: Bruno Barbot
Client: Direction des Affaires Culturelles de la Ville de Paris
Delegate client: Direction de l'Architecture, Section locale d'Architecture du 15ᵉ arrondissement
Engineering consultants: Séchaud et Bossuyt
Program: Extension of the Antoine Bourdelle Museum, exhibition spaces, drawing cabinet, documentation rooms, reserves
Surface area: 1,655 sq.m.

L'histoire du savoir occidental est allée du *topos* au *logos*, de la sensation à l'abstraction ; l'intelligence est attachée au verbe, à la voie royale du langage et il apparaît souvent l'idée naïve qu'être plus abstrait, virtuel, conceptuel, s'éloigner de la matière, du sensoriel, c'est apporter plus d'intelligence, c'est aller dans le « sens du progrès ». Nous avons là souvent une pose, un tic qui tend à rejouer l'histoire des avant-gardes. Le danger est dans l'oubli, la négation du corps – *Scènes d'atelier*, entretien avec Richard Scoffier, Album de l'exposition Christian de Portzamparc, Éditions Centre Georges-Pompidou, 1996.

Rear access / Accès arrière

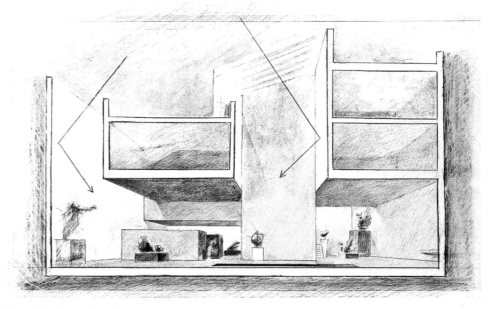

Trajectory of light / Le trajet de la lumière

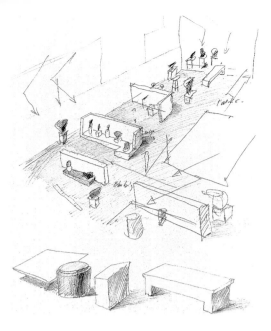

Museography of the extension of the Bourdelle Museum, Paris
1988-1992
Executed project
Architect: Christian de Portzamparc
Assistant architects:
Céline Barda
Project manager:
Bruno Barbot
Client: Direction des Affaires Culturelles de la Ville de Paris
Delegate client: Direction de l'Architecture, Section locale d'Architecture du 15e arrondissement
Lighting engineer: Gérald Karlikoff
Program: museography of the museum's exhibition spaces
Surface area: 1,655 sq.m.

Study workshops / Les ateliers groupant les études

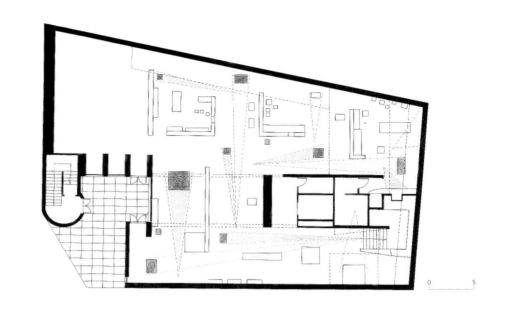

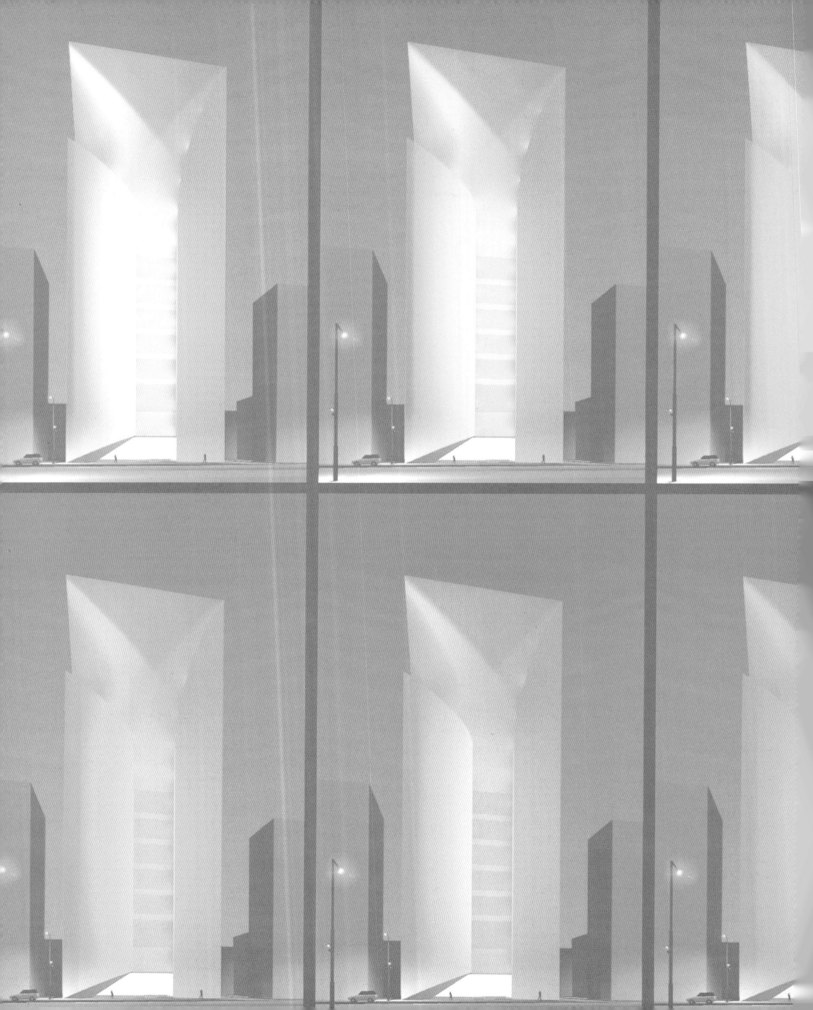

In classical cities, architects followed the stylistic conventions of their day, introducing polite nuances within the homogeneous fabric. Today, buildings seem to be designed as distinct entities. The panoramas of the modern city resemble statistical configurations obtained by concatenating millions of individual intentions, the diversity of which is often exacerbated by the relative demise of stylistic conventions. And whereas there are fewer and fewer "architectural" buildings, architects are supposed to supply *ad nauseam* the proof of their eminent superiority and difference. Some fear that today's architectural culture is essentially anti-urban, in that the city has become a sum of individualities. Yet it is often impossible to guess what idea, what vision of the city might be possible. Local situations, existing contexts and the nature of briefs invariably demand particular responses. In many cases, a glimpse of the urban setting suggests that a striking building will work better, given the rule of the particular – a perfect mirror image of our societies in which questions of collectivity and number have to accommodate a multiplicity of individual statements.

At Euralille, a heroic new development suffering from momentary interruption, where not two but the ten towers originally envisaged were in fact required, I ignored considerations of plan and volume, concentrating instead on the static, economic, functional and plastic phenomena specific to the object in question.

In Tokyo, in a quasi-"historical" setting along a central avenue, I conceived of a colored, luminous sign, privileging its perception in movement along the avenue.

In Manhattan, my reflections were determined by questions of context, adjacencies and *vis-à-vis* – the problem of how to integrate the city block without sacrificing a readable entity.
The three towers respect highly specific urban height / volume regulations.

Christian de Portzamparc

Three towers
Trois tours

(151)

Dans les villes classiques, les architectes suivaient les conventions stylistiques de leur époque et jouaient leurs nuances dans la texture homogène. Aujourd'hui, avec la disparition relative de la notion de convention, chaque bâtiment paraît vouloir être distinct. Le panorama de la ville moderne est comme une forme statistique, obtenue par l'addition de millions d'intentions individuelles particulières à la diversité parfois débridée. Il y a de moins en moins de bâtiments d'architecte dans tout cela, et on demande en général à l'architecture d'apporter encore la différence, de sa qualité supérieure… Certains craignent alors que la culture architecturale joue maintenant essentiellement contre l'idée de la ville, qui ne peut se penser comme une exhibition d'individualité !
Le plus souvent, il y a des règles, mais il n'y a pas de vision d'architecture dans laquelle il faudrait se fondre. Et souvent, la situation locale, le « déjà-là », le programme, dictent une réponse très particulière; parfois simplement le travelling urbain fait penser qu'un événement marquant sera positif dans le règne banalisé du particulier qui est aussi un reflet parfait de nos sociétés, où le collectif et le grand nombre s'accomodent de la multiplication des expressions individuelles.

À Euralille, quartier un peu héroïque qui souffre de l'arrêt, de l'inachèvement de son programme, où il faudrait voir les dix tours prévues et non deux, j'ai travaillé sans regarder le plan et les autres volumes en projet et n'ai considéré que les phénomènes statiques, économiques, fonctionnels, plastiques, propres à cet objet.

À Tokyo, dans ce quartier presque historique, au bord d'une avenue centrale, j'ai travaillé un signe de lumière coloré, et la perception en mouvement le long de l'avenue.

À New York, dans Manhattan, ma réflexion s'est déterminée par le contexte, le voisin, le vis-à-vis : comment être dans l'îlot et ses gabarits, en faire partie, et ne pas s'y fondre, rester lisible.

Ces trois tours sont tenues dans des règles urbaines de gabarit bien précises.

Christian de Portzamparc

What's new in history is that we no longer need traditional conceptions of architecture as metaphorical objects, and above all as producing its own models, be it ocean-going liners, temples, cities or landscapes. This was the positive contribution of the modern movement. But it also created a major difficulty. Of course architecture is metaphorical, there is a total atomization of the referent, of mimesis. Buildings can generate sequences of metaphor. This is how we can rediscover symbolism rather than some vulgar allegorical code. What Hegel called architecture's "symbolism as such" concerns the sign which, first and foremost, represents itself. This is what interested me in the Marne tower, as a monument lacking a signified, as opposed to a monument "to" something or someone. I have always posited the pure, radical, underlying edge in any architectural presence: "I am this, says the built object". What is new is the actual impact of today's symbolism, which has freed itself from the primary intimidations of mass.

As part of Rem Koolhaas's master plan for Euralille, the Crédit Lyonnais tower is part of an alignment of large buildings set within a single theoretical grid. It straddles the new railways station in the manner of a bridge, with no intermediate structural supports.

Portzamparc created this powerful image as a formal response to an extremely demanding brief, with a maximum of "don'ts" and technical difficulties that made it necessary to circumvent functional and commercial specifications.

The project precisely solves an equation bringing together multiple constraints:

a bridge structure above a 70-metre-long station attaining a height of at least 100 metres, with a surface area not exceeding 14,600 square metres;

orienting a maximum of offices toward the city and not the railway lines;

setting the whole on narrow foundations caught between the underground network, the railway and underground car parks;

keeping within the budgetary limit of FF 162 millions.

The result is a forceful, generous, sheer form, both bridge and tower, tapered and oriented to the south – a right-angle floating above its base.

"In its clear lines, the Crédit Lyonnais Tower gives off an enigmatic, floating presence effect which changes in the day and at night. A horizontal and a diagonal in levitation. An object about to take flight but which is nonetheless motionless."

Drawing / Dessin, 1991

Tour Crédit Lyonnais Lille
Crédit Lyonnais Tower

Chose neuve dans l'histoire, nous n'avons plus besoin de cette conception traditionnelle selon laquelle l'architecture devrait figurer ou « métaphoriser » quelque chose, et pour cela produire d'abord son propre modèle, paquebot, temple, cité, nature. C'est ce que nous apporté de positif le mouvement moderne. C'est aussi une grande difficulté. Bien sûr, l'architecture est métaphorique, mais il y a un éclatement total du référent, de la *mimesis* : il y a des chaînes de métaphores possibles à partir d'un bâtiment. C'est là que nous pouvons aujourd'hui retrouver du symbolique et non un vulgaire code allégorique. Ce que Hegel appelle « le symbolisme proprement dit » de l'architecture : être un signe qui d'abord se représente lui-même.

C'est cela qui m'intéressait dans la tour de Marne : être un monument sans signifié, pas un monument « à la gloire de », « au service de ». Bon. C'est le bord radical, pur, sous-jacent dans toute présence architecturale, que j'ai toujours énoncé : « je suis cela, dit le construit » et c'est ce qui est neuf, c'est l'impact même de ce symbolisme, aujourd'hui, détaché de l'intimidation primaire par la masse.

La tour du Crédit Lyonnais s'inscrit, dans le plan d'urbanisme de Rem Koolhaas à Euralille, sur un alignement de grands bâtiments tenus dans le même gabarit théorique. Celle-ci passe au-dessus de la gare qu'elle franchit en pont sans appui intermédiaire.

Christian de Portzamparc a donné une image forte à cette tour qui est la réponse formelle à un programme où le maximum d'interdits et de difficultés techniques se trouvaient concentrés, obligeant à sortir des normes fonctionnelles et commerciales.

Le projet est l'exacte résolution d'une équation qui met en jeu de multiples contraintes :

- faire un bâtiment-pont au-dessus de la gare de 70 mètres de long et atteignant en un point au moins la hauteur de 100 mètres ;

- ne pas dépasser plus de 14 600 m² de surface ;

- tourner le maximum de bureaux vers le centre de Lille et non vers les voies ferrées ;

- se poser sur des fondations étroites entre le métro, le train et les stationnements souterrains ;

- respecter le budget de 162 millions de francs hors taxes.

La solution est cette forme directe, ample, rapide, à la fois pont et tour, s'évasant et s'orientant ainsi au sud, vers la ville, grand angle dressé qui semble flotter et non peser sur ses bases.

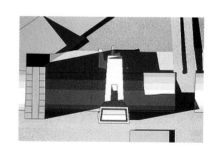

« Et dans son trait unifié, la tour du Crédit Lyonnais a un effet de présence énigmatique, flottant, qui change de sens et le jour et la nuit. Ligne horizontale puis oblique qui se redresse. Objet prêt à l'envol et néanmoins immobile. »

Lille, Crédit Lyonnais Tower
1991-1995
Cité des Affaires, Deux Gares, Concerted Development Zone, Lille Commission
Executed project
Architect: Christian de Portzamparc
Assistant architects: Sam May, Bruno Barbot
Project managers: Bruno Durbecq, Laurent Pierre, Bruno Barbot
Architect/town-planner in chief: Rem Koolhaas – oma
Engineering consultants: seer (Structure), ceef (Façade), serete (Fluids), Ferinel Industries (Techniques)
Developer: Euralille
Owner: Férinel Industries, Groupe George V
Client: Crédit Lyonnais
Program: offices
Surface area: 18,135 sq.m.

Of course, technical mimesis will persist. Technique will certainly continue to be the new nature. The referent for architecture. Economic and technical arguments have invested our representations of the world. But in architecture, technique will always reveal what it cannot think, though only in negative. In this, today's architecture posits a value. Having glorified progress, it is beginning to assign a status to technique, calling into question its normative, globalizing tendencies. **Where else is this happening?** – "Penser l'espace", interview with François and Olivier Chaslin, *Christian de Portzamparc*, Paris, Éditions Ifa / Electa Moniteur, 1984.

Office interior / Intérieur des bureaux

Bien sûr, la *mimesis* technique va continuer. La technique va demeurer certainement la nouvelle nature. Le référent de l'architecture. C'est trop prégnant pour cesser : le discours économique et technique a englobé toute notre représentation du monde. Mais, dans l'architecture, la technique sera toujours en situation de révéler en négatif ce qu'elle est incapable de penser. En cela, l'architecture a aujourd'hui une valeur d'une portée nouvelle : dans son dialogue avec la technique, après avoir été l'étendard exalté du progrès, elle devient le lieu où nous pouvons et devons assigner un statut à la technique, où sa propension normative, globalisatrice peut être rééquilibrée, mise en question. Y a-t-il d'autres lieux **pour penser cela ?** – « Penser l'espace », entretien avec François et Olivier Chaslin, *Christian de Portzamparc*, Éditions Ifa / Electa Moniteur, Paris, 1984.

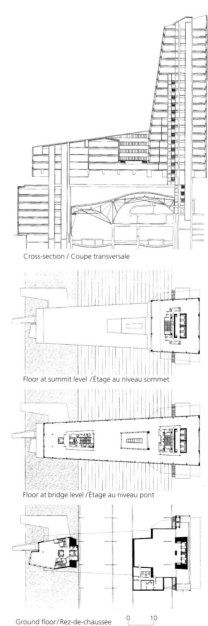

Cross-section / Coupe transversale

Floor at summit level / Étage au niveau sommet

Floor at bridge level / Étage au niveau pont

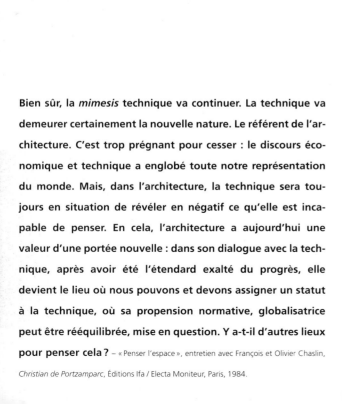

Ground floor / Rez-de-chaussée

0   10

Reception area / Hall d'accueil

I always work along the same lines: what I would call the primacy of spatiality over images, signs, motifs, icons and the construction process. A primacy that is not exclusive of the rest, because architecture is a "hands-on" business – it isn't at all dogmatic.

Each project requires a new space, taking into account spatial geometries that transcend the project, the site or the commission. A *genius loci*, which has to be reinvented every time.

– "La fin des conventions et des codes", interview with Alain Pélissier, *Techniques et Architecture* n° 366, June-July 1986.

The initial idea for the project dates from the experiments with light alcoves in the auditorium of the City of Music, with computerized combinations of colours, an endless spectacle of infinite nuances of the spectrum.

In a homage to the electrical beauty of Tokyo, Portzamparc applies the same idea on a monumental scale. A hymn to colour, this 6,000 m² tower project on Anoyama-Dori in downtown Tokyo is a cultural centre which also houses auditoriums, a restaurant, offices, and premises for the Bandaï Corporation.

The building consists of three distinct though adjacent parts: on the street side, to the North, the façade is a sculptural lighting device; on the South side, a plinth block comprises halls, rooms, offices and on a roof restaurant; atop the plinth, a stepped housing village abuts on the façade as if scaling a cliff, facing the sun.

Bandaï Tower Tokyo
Tour Bandaï

L'idée première du projet vient des expériences pour les niches lumineuses de la Cité de la musique faites en 1986 avec leurs combinatoires de couleurs fondamentales jouées sur un ordinateur et permettant de faire défiler les nuances infinies du spectre. Comme un hommage à la beauté électrique de Tokyo, Christian de Portzamparc agrandit ici cette idée à l'échelle monumentale : hymne à la couleur, ce projet de tour de 6000 m² sur Anoyama-Dori dans le centre de Tokyo est un centre culturel qui contient aussi des salles publiques, un restaurant, des bureaux et des logements pour Bandaï Corporation. Le bâtiment est formé de trois parties distinctes accolées :
- côté rue, au nord, la façade, qui est un dispositif sculptural de lumière ;
- côté sud, un bâtiment-socle, cubique, contenant les salles et bureaux, et sur son toit le restaurant ;
- posé sur ce socle, un mini-village d'habitations en terrasses s'appuie sur le dos de la façade comme sur une falaise et se tourne vers le soleil.

Tokyo, Bandai Cultural Complex
1994
Tokyo, Japan
Competition by invitation
Prizewinning project
Studies in progress
Architect: Christian de Portzamparc
Assistant architects: Francois Barberot, Julie Howard, Olivier Souquet, Marie-Elisabeth Nicoleau
Client: Bandai Corporation
Program: auditoriums, offices, housing, restaurants
Surface area: 7,000 sq.m.

Je travaille toujours sur la même ligne : ce que j'appelle le primat de la spatialité sur l'image, le signe, le motif, l'icône ou le procédé constructif. Un primat qui n'est pas exclusif du reste, parce que c'est une affaire très sensorielle, pas du tout dogmatique.

À chaque projet, il faut penser un nouvel espace, prendre en compte toute une géométrie spatiale qui dépasse le projet, le terrain, la commande. C'est un *genius loci* à inventer à chaque fois. – « La fin des conventions et des codes », entretien avec Alain Pélissier, *Techniques et Architecture*, n° 366, 1986.

Model: south façade / Maquette : façade sud

East façade / Façade est

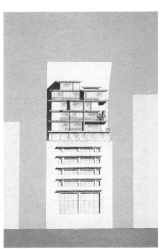

Model: south façade / Maquette : façade sud

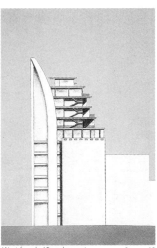

West façade / Façade ouest

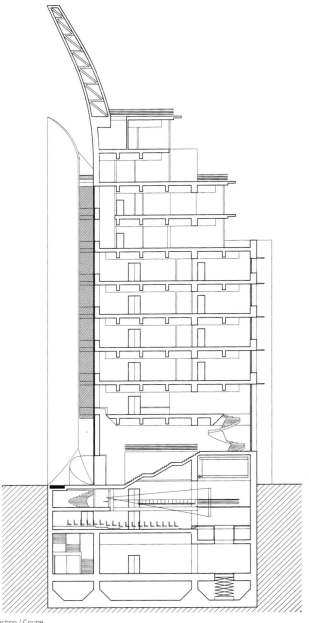

Section / Coupe

0   10

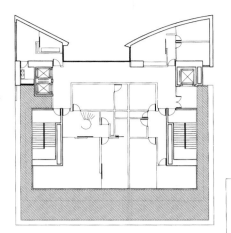

9th floor / 8e étage

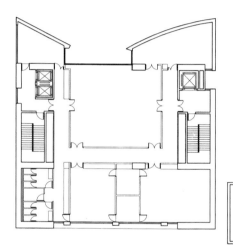

3rd floor / 2e étage

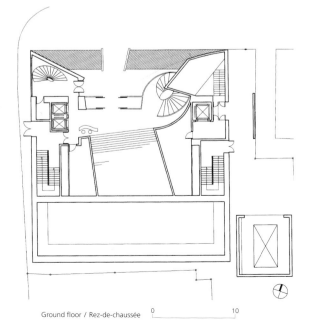

Ground floor / Rez-de-chaussée   0   10

The Modern Movement stripped down the way we look at things. A new delight in plastic expression brought with it spatial schemes which, though obviously intrinsic to the buildings, nonetheless transformed our way of looking at things. And though many of its concomitant principles have had their day, we are left with this way of seeing... we have been able to see the ages of architecture with a new eye. It is clear that our approach to space now involves quite different topological and geometrical notions. But the Modern movement freed us from rhetoric. We can now rediscover spatial emotions, invest new symmetries, invest history, qualify function, rediscover the refinement and complexity of numbers, cadences and sequencings. – "Penser l'espace", interview with François and Olivier Chaslin *Christian de Portzamparc*, Editions Ifa / Electa Moniteur, Paris 1984.

The tower is the American headquarters of the Louis Vuitton Moët Hennessy group. It stands adjacent to the Chanel building on 57th street. Had the project followed the city's height / volume regulations to the letter, the buildings would have formed a single stepped block. It was essential to make intelligent use of building regulations to highlight the formal and material presence of the new tower.

The regulations allowed a certain percentage of volume on the aligned façades.

At the start, the tiny Wally Findlay Gallery was to have remained intact between the two towers; the initial site was therefore particularly cramped. The early response to these constraints was a carefree random superimposition of cubes and cylinders.

Following the purchase of this plot some months later, the project evolved. The final solution is a soaring prismatic shell cleverly masking the tiered effect.

The walls are of translucent white glass, silkscreened to attentuate reflections of the dark IBM tower opposite, and green glass to meet the stringent insulation coefficients of the "energy code".

LVMH Tower New York
Tour LVMH

Le mouvement moderne a procédé à un grand décapage du regard. Une nouvelle joie de l'articulation plastique est apparue, porteuse des schèmes spatiaux qui sont restés, évidemment, internes à l'espace propre du bâtiment, mais qui nous ont transformés. À partir de là, après que les principes qui l'accompagnaient aient fait leur temps, nous est resté ce regard et [...] nous avons pu voir toutes les époques de l'architecture avec un œil neuf. Il est évident que nous travaillons l'espace avec des notions topologiques et géométriques différentes depuis le mouvement moderne. Grâce à lui, nous sommes libérés de la rhétorique : nous pouvons retrouver l'émotion spatiale : nous pouvons investir de nouvelles symétries, investir l'histoire, détourner l'utile, retrouver la finesse et la complexité des nombres et des enchaînements, des modulations rythmiques fabuleuses. – « Penser l'espace », entretien avec François et Olivier Chaslin, *Christian de Portzamparc*, Éditions Ifa / Electa Moniteur, Paris, 1984.

La tour est le siège du groupe Moët Hennessy – Louis Vuitton. Située sur la 57e rue, elle se trouve mitoyenne de la tour Chanel. En suivant simplement les règles de gabarit new-yorkaises, les deux bâtiments pourraient ne former qu'un seul volume en escalier. Il était nécessaire d'identifier clairement l'immeuble LVMH dans sa matière et dans son volume en rusant avec les règlements. Ceux-ci obligent en effet les retraits en escaliers mais permettent de creuser, sur les plans de façades alignées, un certain pourcentage du volume.

Dans un premier temps de l'étude, la petite maison de la galerie Wally Findlay devait rester entre les deux tours, et la parcelle du projet était très étroite : la réponse a été un empilage hasardeux et joyeux de volumes cubiques et cylindriques.

Suite à l'acquisition de cette parcelle, quelques mois plus tard, la proposition s'est élargie : la solution finale unifie les retraits imposés dans un mouvement vertical, sorte de coquillage prismatique qui fait oublier l'effet d'escalier.

Les parois utilisent des verres blancs et sérigraphiés, translucides, pour atténuer le reflet de la tour JBM très sombre en vis-à-vis, et du verre vert pour équilibrer sur l'ensemble le coefficient d'isolement imposé par le « code énergétique ».

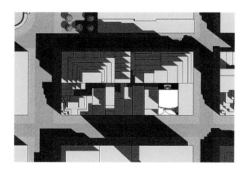

New York, Louis Vuitton Tower
1995
171921, 57th street, New York, USA
Commission
Project under construction
Scheduled completion: 1997
Architect: Christian de Portzamparc
Assistant architects: Bruno Durbecq, Wilfrid Bellecourt, Julie Howard
Project manager: Bruno Durbecq.
Operational architects: Hillier Eggers Group
Client: LVMH
Program: Offices, ground-floor shops.
Surface area: 8,683 sq.m.

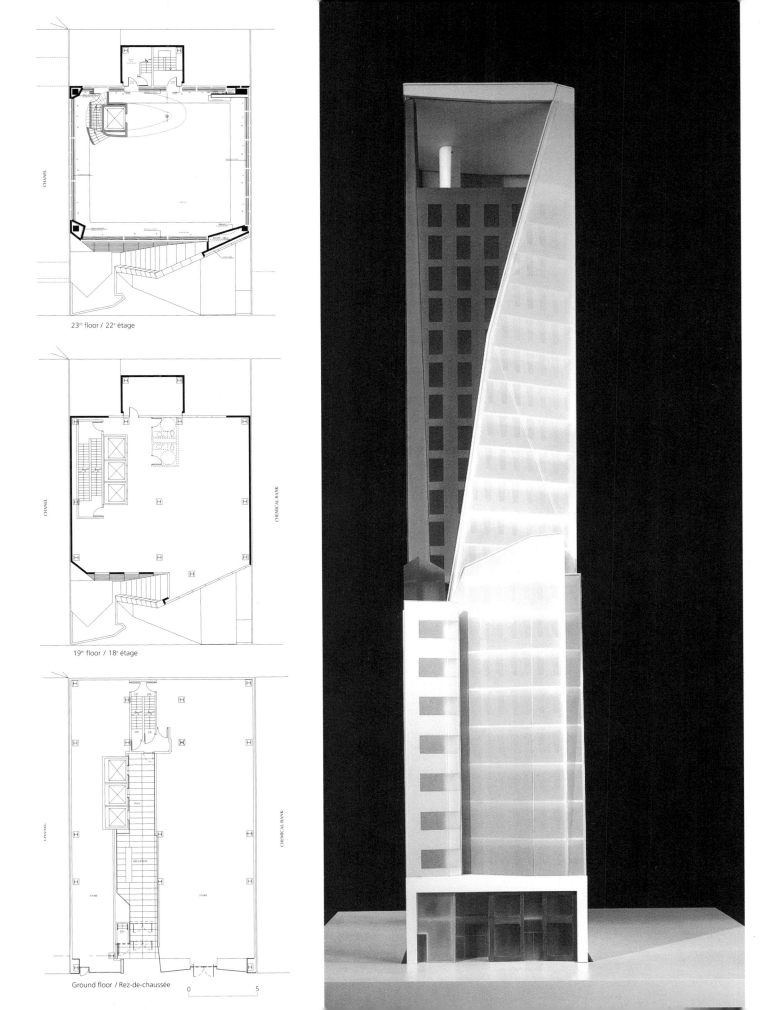

23rd floor / 22e étage

19th floor / 18e étage

Ground floor / Rez-de-chaussée

0   5

First site. Height/width ratio / 1ᵉʳ terrain. Gabarit septembre. 94

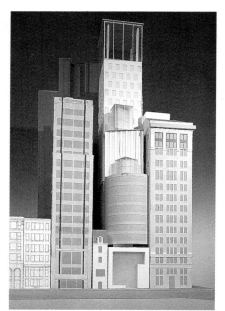
Early study model 1 / Esquisse 1

Early study model 1 / Esquisse 1

Enlarged 2ⁿᵈ terrain / 2ᵉ terrain élargi. Avril 95

1ˢᵗ Early study model / 1ʳᵉ esquisse

Early study model / 2ᵉ esquisse

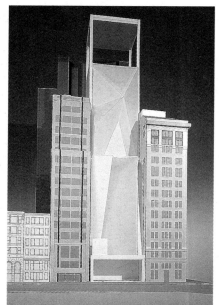
6ˢᵗ Early study model / 6ᵉ esquisse

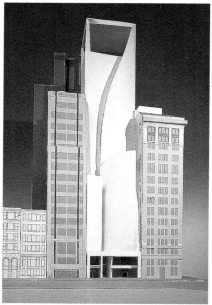
Proposal with incurved surfaces. June 1995 / Projet proposé avec les faces incurvées. Juin 1995

62

Final project with flat surfaces
Projet final avec faces planes

Biography
Biographie

1944
Born 9th May.

1962-1969
Studies at the École Supérieure des Beaux-Arts, Paris. Architect's Diploma in 1969.

1980
Opens his office, rue de Seine. Paris. Teaches at the Ecole Spéciale d'Architecture, Paris.

1981
Autumn Festival and Venice Biennial, Paris.

1985
Moves his office to rue de l'Aude, Paris.

1988
Awarded the Équerre d'Argent by the publishing group Le Moniteur, for the Dance School of the Paris Opera.

1989
Made Commandeur de l'Ordre des Arts et des Lettres by the French Minister of Culture.

1990
Awarded the Grand Prix d'Architecture de la Ville de Paris by the Mayor of Paris.

1992
Awarded the Medal of the Académie Française d'Architecture.

1993
Grand Prix National de l'Architecture awarded by the Minister of Housing and Transport.

1994
Awarded the Pritzker Architecture Prize by The Hyatt Foundation.

1995
Awarded the Equerre d'argent for the City of Music.

1996
Scènes d'atelier, an exhibition held at the Centre national d'art et de culture Georges-Pompidou, Paris.

(164)

Bibliography
Bibliographie

Descriptions of projects or buildings / Livres sur un projet ou une réalisation

Les Hautes Formes, régie immobilière de la ville de Paris, Rivp, Paris, 1979.

La Cité de la Musique, sous la direction de Hubert Tonka. Lieu d'Architectures, Champ Vallon, 1986.

De la danse. École du ballet de L'Opéra de Paris, sous la direction de Jeanne-Marie Sens et Hubert Tonka, éditions du Demi-Cercle, Paris, 1990.

Le Geometrie come matrici generative del designo di projetto, Florio Riccardo, facoltà di Architecturra delle Università dégli Studi di Palermo. Palermo, Italie, 1993.

Monographs / Monographies

PORTZAMPARC Christian de. *Christian de Portzamparc*, Institut Français d'Architecture, Electa Moniteur, Paris, 1984.

LE DANTEC Jean-Pierre. *Christian de Portzamparc*, Éditions du Regard, Paris, 1995.

« Christian de Portzamparc », *GA Document Extra*, vol. 4, November 1995.

PORTZAMPARC Christian de. Christian de Portzamparc. *Scène d'atelier*, album d'exposition, Centre Georges-Pompidou, Paris, 1996.

Généalogie des formes, Les dessins de Christian de Portzamparc. Éditions Dis Voir. Collection dirigée par Danièle Rivière avec Jacinto Lageira. Paris, 1996.

Special issues of reviews
Numéros spéciaux de revues

A+U, Architecture and Urbanism, Tokyo, n°255, December 1991.

« La Villette. La Cité de la musique ». *Connaissance des Arts*. Grands Travaux, 1993.

« Christian de Portzamparc », *L'architecture d'aujourd'hui*, n° 302, December 1995.

Plus. Korean Architecture + Interior Design, n° 112, Seoul, August 1996

1944
Né le 9 mai 1944.

1962-1969
École nationale supérieure des Beaux-Arts, Paris. Diplômé en 1969.

1980
Installation rue de Seine, Paris. Enseignement à l'École Spéciale d'Architecture, Paris.

1981
Festival d'Automne et Biennale de Venise, installation dans la chapelle de l'hôpital de la Salpétrière.

1985
Installation de l'atelier, rue de l'Aude, Paris.

1988
Équerre d'Argent
prix décerné par le groupe de presse *Le Moniteur* pour l'École de danse de l'Opéra de Paris.

1989
Commandeur de l'ordre des Arts et des Lettres nommé par le ministère de la Culture.

1990
Grand Prix d'Architecture de la ville de Paris décerné par la mairie de Paris.

1992
Médaille de l'Académie francaise d'Architecture.

1993
Grand Prix national de l'Architecture décerné par le ministère de l'Équipement, du Logement et du Transport.

1994
Pritzker Architecture Prize décerné par la Fondation Hyatt.

1995
Équerre d'argent
prix décerné par *Le Moniteur* pour la Cité de la musique.

1996
Exposition Christian de Portzamparc, scènes d'atelier, Centre national d'art et de culture Georges-Pompidou, Paris.

1969

Boutray House / Maison Boutray
Noirmoutiers, Vendée
completed / livraison : 1972

1970-1976

Urban Development / Aménagements urbains
Marne-la-Vallée
avec Antoine Grumbach

1971

Water Tower / Château d'eau
Marne-la-Vallée
completed / livraison : 1974

Urvoy Streetlamp / Lampadaire Urvoy

1973

Two Water Towers / Deux châteaux d'eau
Champs-sur-Marne
competition / concours

1974

Housing project / La Roquette
Paris
competition / concours

1975

French New Architectural Program PAN VII / PAN VII (Programme Architecture Nouvelle)
Paris
prizewinning entry / projet lauréat

Les Hautes Formes housing project / Les Hautes Formes logements
Paris
competition / concours
prizewinning entry / projet lauréat
completed / livraison : 1979

1976

Orleans Cathedral Approaches / Abords de la cathédrale d'Orléans
Orléans
competition / concours

1979

Les Halles development / Quartier des Halles
Paris
international competition / consultation internationale

1980

Water Towers / Quatre projets pour un Château d'eau
Saint-Quentin-en-Yvelines
competition / concours

1981

"L'Entrée du parc" housing project / Étude pour 40 logements « L'Entrée du parc »
Évry

"Au bord du Lac" housing project / Étude pour 75 logements « Au bord du Lac »
Enghien
competition / concours

Érik Satie Conservatory of Music and elderly housing / Conservatoire Érik-Satie et foyer pour personnes agées
Paris
competition / concours
prizewinning entry / projet lauréat
completed / livraison : 1984

Lyon High Court / Cité judiciaire de Lyon
Lyon
competition / concours

Arab World Institute / Institut du monde arabe
Paris
competition / concours

1982

L'Allée du parc, Le Crescent, Le Lafayette. Apartment Buildings Marne-la-Vallée / Logements à Marne-la-Vallée
competition / concours
prizewinning entry / projet lauréat
completed / livraison : 1985-1988

Elderly housing / Foyer de personnes agées
Rue du Château-des-Rentiers,
Paris
completed / livraison : 1984

Home for retired artists / Maison des artistes
Rue du Montparnasse
Paris
competition / concours

Singer Concerted Development Zone / Zac Singer
Paris
competition / concours

Belleville Gardens / Jardins Palikao à Belleville
Paris
competition / concours

Chronological list of selected project
Liste chronologique des œuvres

1983

Saussure Concerted Development Zone / Zac Saussure
Paris
competition / concours

Development of a Town square / Création d'une place
Joigny
competition / concours

Tête Défense
Paris
international competition / concours international

Dance School of the Paris Opera / École de danse de l'Opéra de Paris
Nanterre
competition / concours
prizewinning entry / projet lauréat
completed / livraison : 1987

Rue de l'Ouest housing project / Logements rue de l'Ouest
Paris
completed / livraison : 1988

Rue Petion Office Building / Bureaux rue Petion
Paris
completed / livraison : 1988

Bastille Opera / Opéra Bastille
Paris
international competition / concours international

1984

City of music / Cité de la musique
Parc de la Villette
Paris
competition / concours
prizewinning entry / projet lauréat
Phase I completed / livraison : 1990
Phase II completed / livraison : 1995

1985

Café Beaubourg
Paris
completed / livraison : 1986

Furniture for the Café Beaubourg / Mobilier créé à l'occasion du Café Beaubourg

Elderly housing / Foyer pour personnes âgées
Rue de Luneville
Paris
completed / livraison : 1987

Offices for the Thomson Corporation / Étude de bureaux pour Thomson
competition / concours

Lützowstrasse housing project / Immeuble à Berlin Lützowstrasse
Berlin
completed / livraison : 1990

1986

Apartment Buildings Quartier du parc / Logements Quartier du parc
Nanterre
competition / concours
prizewinning entry / projet lauréat
completed / livraison : 1990-1995

Office Buildings / Immeubles de bureaux
Marseille
competition / concours

Rue Armand-Carrel housing project / Logements rue Armand-Carrel
Paris
completed / livraison : 1990

1987

Urban Development of the city center / Développement du centre urbain de Rouen
Rouen
competition / concours

1988

Bourdelle Museum Extension / Extension du musée Bourdelle
Paris
competition / concours
prizewinning entry / projet lauréat
completed / livraison : 1992

Health and beauty center / Espace santé beauté
Vichy
competition / concours

Furtado Heine Elderly Housing / Résidence pour personnes âgées Furtado Heine
Paris
competition / concours

EuroDisney Hotel / Hôtel à EuroDisney
competition / concours
Marne-la-Vallée

Atlanpole Urban Technopolis / Atlanpôle urbanisation d'une technopole
Nantes
competition / concours
prizewinning entry / projet lauréat

Espace Pitot
Montpellier
competition / concours

Gourmet Plazza Restaurants / Gourmet Plazza Café
Osaka

1989

Manin-Jaurès Concerted Development Zone / Hôtel et bureaux, Zac Manin-Jaurès
Paris
competition / concours
prizewinning entry / projet lauréat
completed / livraison : 1993

Conference Center / Centre de conférences internationales de Paris
Quai Branly
Paris
competition / concours

Sector IV Urban Development Scheme / Aménagement urbanistique Marne Secteur IV
Marne-la-Vallée

Urban development of the city center / Aménagement du centre urbain de Rouen
Rouen
competition / concours
second project / second projet

Apartment Buildings Fukuoka / Logements à Fukuoka
Fukuoka
completed / livraison : 1991

Port de la Lune docklands redevelopment / Port de la Lune, aménagement de la rive gauche de la Garonne
Bordeaux
call of ideas / appel d'idées

Urban Development Scheme for the Sextius Mirabeau District / Le quartier Sextius Mirabeau
Aix-en-Provence
competition / concours

Boutique Ungaro
Paris, Hambourg, Hong-Kong, Londres, Los Angeles, Tokyo, Taipei, Zurich...
Located on the Avenue Montaigne in Paris, the first of these boutiques / Première réalisation : boutique du 2, avenue Montaigne, Paris

Furniture for the Ungaro boutiques / Mobilier créé à l'occasion des boutiques Ungaro

1990

Venice Biennial Project for the french pavilion / Nouveau pavillon français à la Biennale de Venise
competition / concours

BNP Training Center / Centre de formation de la BNP
Louveciennes
competition / concours

Quai d'Austerlitz
Paris
competition / concours

Redevelopment of Coislin Square / Aménagement de la place Coislin
Metz
competition / concours

Rue Nationale apartment buildings and rehabilitation / Rue Nationale réhabilitation d'immeubles de logements et construction d'immeubles-villas
Paris
completed / livraison : 1993-1996

1991

Higher municipal School of Fine Arts / École des beaux-arts de la ville de Paris
Paris
competition / concours

Les Catalans Hotel and Housing / Les Catalans
Marseille
competition / concours

Furniture for the Conservatoire national supérieur de Musique et de Danse / Mobiliers créés à l'occasion du Conservatoire national supérieur de Musique et de Danse

Development of the Place de l'Étoile / Aménagement de la place de l'Étoile
Strasbourg
competition / concours

Quartier Les jardins de la Lironde / of the Lironde District
Montpellier
projet en cours d'étude / studies in progress

Credit Lyonnais Tower / Tour du Crédit Lyonnais
Lille
completed / livraison : 1995

Development of the Ponts Jumeaux District in Toulouse / Aménagement du quartier des Ponts Jumeaux à Toulouse
Toulouse
studies in progress / projet en cours d'étude

Parc de Bercy Apartment Building / Immeuble de logements Bercy
Paris
completed / livraison : 1994

1992

International Convention Hall
Nara
competition / concours

Housing for the Seine Left Bank District / SEMAPA, logements Seine Rive Gauche
Paris
competition / concours

Higher National School of Decorative Arts / École nationale supérieure des Arts décoratifs
Paris
competition / concours

Bordeaux High Court / Îlot judiciaire de Bordeaux
Bordeaux
competition / concours

Bandstand / Kiosque à musique
Nanterre
completed / livraison : 1994

1993

Sector III Urban Development Scheme / Étude d'aménagement de Marne Secteur III
Marne-la-Vallée

New Cultural Center / Nouvel équipement culturel
Rennes
competition / concours
prizewinning entry / projet lauréat
studies in progress / projet en cours d'étude

DDB Headquarters / Siège du groupe DDB
Saint-Ouen
competition / concours
prizewinning entry / projet lauréat

High Court Grasse / Palais de justice de Grasse
Grasse
competition / concours
prizewinning entry / projet lauréat
in construction / en construction
completed / livraison : 1997

New Concert Hall / Centre Culturel
Copenhague
competition / concours

1994

Hennesy Museum / Musée Hennesy
Cognac
competition / concours

Housing Boulevard MacDonald / Logements boulevard MacDonald
Paris
competition / concours

Housing Area Novoli / Logements Area Fiat di Novoli
Florence
studies in progress / projet en cours d'étude

Bandaï Cultural Complex
Tokyo
competition / concours
prizewinning entry / projet lauréat
studies in progress / projet en cours d'étude

Porte d'Asnières
Paris
studies in progress / projet en cours d'étude

INALCO (Institut national des langues et civilisations orientales. École normale supérieure)
Paris
competition / concours
prizewinning entry / projet lauréat
studies in progress / projet en cours d'étude

Porte Maillot Palais des Congrès extension / Porte Maillot extension du Palais des Congrès
Paris
competition / concours
prizewinning entry / projet lauréat
in construction / en construction

Urban development all along the Defense Axis / Étude d'aménagement de l'Axe Nanterre-La Défense
Nanterre
competition / concours

Mobilier créé à l'occasion de la Cité de la Musique / Furniture for the City of Music

1995

School of Architecture Marne-la-Vallée / École d'Architecture de Marne-la-Vallée
Champs-sur-Marne
competition / concours

Development of the Renault District / Aménagement des Terrains Renault
Boulogne-Billancourt
competition / concours

Louis Vuitton Tower / Tour Louis Vuitton
New York
in construction / on construction
completed / livraison : 1997

Sector Massena Urban Development / Secteur Massena
Paris
competition / concours
prizewinning entry / projet lauréat
studies in progress / projet en cours d'étude

National Museum of Corea / Musée national de Corée
Séoul
international competition / concours international
2nd prize / projet classé second

Project Heads. Past or present
Chefs de projet. Passé ou présent

François Barberot
Bruno Barbot
Céline Barda
Bertrand Beau
Frédéric Borel
François Chochon
John Coyle
Bruno Durbecq
Paul Guilleminot
Julie Howard
Benoît Juret
Florent Léonhardt
Sam Mays
Marie-Elisabeth Nicoleau
Petr Opélik
Laurent Pierre
Etienne Pierrès
Richard Scoffier
Olivier Souquet
Thanh Vuong
Léa Xu

Collaborators. Past or present
Collaborateurs. Passé ou présent

Wilfrid Bellecour
Olivier Blaise
Stéphane Boesse
Michel Bogar
Marie-France Boucher
Pascal Boutet
Jean-Pierre Buisson
François Caillaud
Ellen Cassily
Jean-Charles Chaulet
Karol Claverie
Nadine Clément
Kaan Coskun
John Curran
Marianne Daviaud
Maria-Teresa Fernando
Saskia Fokkema
Denise François
Maryvette Georges
Eamon Gogarty
Pierre-Xavier Grezaud
Alexia Guerin
Catherine Hervé
Bruno Huber
Pascal Joncour
Jacqueline Jourdain
Nicolas Karmochkine
Juchini Kato
Annick Liot
David Mc Nulty
Jean-Sébastien Malliard
Gaëlle Martin
Corinne do Nascimento
Odile Pornin
Isabelle Ragot
Otavio Ribeiro
Ségolène de Roquemaurel
Muriel de Rouyn
Pascal Sellam
Odile Van der Brock
Johanna Wauquiez

Photographic credits
Crédits photographiques

N. Borel
pages 17, 26, 27, 29, 31, 37, 38, 39, 40, 41, 46, 47, 51, 53, 54, 55, 57, 59, 60, 63, 65, 66, 67, 69, 73, 85, 87, 88, 89, 95, 97, 100-101, 102-103, 108-109, 111, 113, 114, 115, 117, 119, 123, 125, 126, 127, 129, 131, 133, 134, 135, 136, 137, 138, 139, 140, 141, 143, 144, 145, 147, 148-149, 153, 154, 155, 158, 159, 161, 162, 163

Documentation française
page 65

Fukuoka Jisho
page 32

Fujita
page 33

V. Gremillet
page 140

H. Kawano
pages 22, 23

P. Malaret
page 141

F. Mantovani
page 5

J.M. Monthiers
page 126

S. Murez
pages 140

C. de Portzamparc
pages 15, 83

B. Prevost / Centre Georges-Pompidou
page 49

Van Der Flught & Claus
page 127

H. Ternisien
page 141

arc en rêve centre d'architecture

architecture   galerie
urbanisme   laboratoire
design   atelier pédagogique

More than 10 years, at the Entrepôt in Bordeaux, arc en rêve architectural centre has been involved in an agenda of cultural communication, research and programming in the field of architecture, town-planning, and, more recently, design. One of its major goals is to encourage meetings and exchanges between people involved in these different disciplines.
The arc en rêve originality lies in its twofold programme which operates at both cultural and functional levels. This programme is designed to encourage the development, in Bordeaux, of a policy of creativity, public and private alike. Exhibitions and lectures – aimed at informing the public about the latest goings-on occuring on the international scene – programmes for children, publications, field trips, and commissions, all form part of the events and shows organized by arc en rêve, and aimed at heightening the general awareness of architecture, design, and the contemporary forms of towns and cities.

Depuis plus de 10 ans, arc en rêve centre d'architecture mène à Bordeaux, dans le cadre de l'Entrepôt, un travail de diffusion culturelle, de recherche et d'animation dans le champ de l'architecture, de l'urbanisme et plus récemment du design.
L'un de ses objectifs principaux est de favoriser entre ces différents domaines rencontres et interfaces. L'originalité d'arc en rêve repose sur une action menée à la fois sur le plan culturel et sur le plan opérationnel. Il s'agit de favoriser le développement d'une politique de création publique et privée. Expositions et conférences – destinées à faire connaître au public la production la plus actuelle sur la scène internationale – animations avec les enfants, éditions, voyages, appels d'idées, sont autant d'événements et de manifestations organisés par arc en rêve pour développer une action de sensibilisation à l'architecture, au design et aux formes contemporaines de la ville.

Director / Directrice : Francine Fort

Alvar Aalto
Tadao Ando
Wiel Arets
Ove Arup & Partners
Luis Barragán
Mario Bellini
Hans Bernoulli
Werner Blaser
Mario Botta
Cuno Brullmann
Yves Brunier
Santiago Calatrava
Antonio Citterio / Terry Dwan
Antonio Cruz / Antonio Ortiz
Patrick Devanthéry / Inès Lamunière
Diener & Diener
Norman Foster
Massimiliano Fuksas
von Gerkan, Marg und Partner
Sigfried Giedion
Walter Gropius
Herzog & de Meuron
Steven Holl
Richard Horden
Helmut Jahn
Philip Johnson
Louis I. Kahn
Jan Kaplicky
Josef Paul Kleihues
Rem Koolhaas
John Lautner
Le Corbusier
Adolf Loos
Josep Lluis Mateo
Richard Meier
Ludwig Mies van der Rohe
Richard Neutra
Jean Nouvel
Gustav Peichl
Dominique Perrault
Renzo Piano
Boris Podrecca
Richard Rogers
Aldo Rossi
Matthias Sauerbruch / Louisa Hutton
Hans Scharoun
Karl Friedrich Schinkel
Gottfried Semper
Alvaro Siza
Luigi Snozzi
Louis Henry Sullivan
Otto Steidle
Takamatsu & Lahyani
Oswald Mathias Ungers
Livio Vacchini
Venturi, Scott Brown
Konrad Wachsmann
Frank Lloyd Wright

Please ask for free catalogue
Demandez notre catalogue d'architecture gratuit

arc en rêve centre d'architecture
Entrepôt
7 rue Ferrère
F-33000 Bordeaux
tél. : (33) 56 52 78 36
fax : (33) 56 81 51 49

Grand Prix National de la Promotion de l'Architecture 1993

Birkhäuser – Verlag für Architektur
Klosterberg 23
P.O. BOX 133
CH - 4010 Basel
Switzerland
tél. : 061/205 07 07
fax : 061/205 07 99

DATE DUE

PRINTED IN U.S.A.